Einführung in die Sozialpsychologie
2 in 1

Die Psychologie in sozialen
Situationen verstehen.
Soziale Emotionen begreifen,
Sozialkompetenz und emotionale
Intelligenz aufbauen

- mit 25 sozialpsychologischen
Effekten

Lennart Pröss

Inhaltsverzeichnis

Sozialpsychologie für Einsteiger

Wie unsere Gedanken und Gefühle
unser Verhalten in sozialen
Interaktionen beeinflussen

1. Einführung in die Sozialpsychologie

Die Psychologie befasst sich ganz allgemein mit dem Erleben und Verhalten von Menschen. Die Sozialpsychologie befasst sich mit jenem Erleben und Verhalten von Menschen in sozialen Situationen. Diese kurze Einführung in die Sozialpsychologie soll dir einen groben Überblick verschaffen, mit welchen Themen sich die Sozialpsychologie konkret beschäftigt. Ziel ist es dir die wichtigsten Forschungs- und Anwendungsbereiche der Sozialpsychologie näher zu bringen. Dazu werden dir aus den unterschiedlichsten Bereichen diverse Begriffe aus den gängigsten Theorien nähergebracht. Es werden dir wesentliche Punkte aus ausgewählten sozialpsychologischen Modellen vorgestellt. Anhand von Leitfragen, Beispielen und kleinen Gedankenexperimenten wirst du immer wieder eingeladen, selbst über sozialpsychologische Phänomene nachzudenken.

Ziel dieser Einführung ist es nicht einzelne Themen bis zur Erschöpfung zu behandeln und in ihrer ganzen Komplexität zu erfassen. Deshalb fallen gerade die Kapitel 2 und 3 dieser Einführung eher kurz und knapp aus. Diese beiden Kapitel sind eher theoretischer und abstrakter Natur, aber trotzdem eine wichtige Grundlage für das Verständnis von sozialpsychologischer Forschung. Die Einführung ersetzt selbstverständlich auch kein sozialpsychologisches Lernmodul einer Hochschule. Vielmehr versucht sie in dir das Interesse für Sozialpsychologie zu wecken.

Inhaltlich lassen sich alle sozialpsychologischen Themen grundsätzlich in **vier große unterschiedliche Prozesse** unterteilen. Zuerst wären da die intrapersonalen Prozesse (Kapitel 3). **Intrapersonale Prozesse** sind Prozesse, die innerhalb einer Person stattfinden. Zu diesen Prozessen zählen Sachen wie Eindrucksbildung, soziale Kognition oder die Rationalität von Entscheidungen. Der zweite große sozialpsychologische Themenbereich sind die **interpersonalen Prozesse** (Kapitel 4). Das sind Prozesse, die zwischen einzelnen Individuen ablaufen. Dazu zählen Themengebiete wie Freundschaft, Liebe und Attraktion. Das dritte große Themengebiet beschäftigt sich mit intragruppalen Prozessen (Kapitel 5). **Intragruppale Prozesse** sind Prozesse, die innerhalb einer Gruppe von Menschen stattfinden. Typische intragruppale Fragestellungen befassen sich mit Gruppenleistung, dem Arbeiten und Entscheiden in Gruppen sowie mit Autoritäten oder Majoritäten. Das vierte große Themengebiet der Sozialpsychologie befasst sich schließlich mit **intergruppalen Prozessen** (Kapitel 6). Dies sind Prozesse, die zwischen verschiedenen Gruppen stattfinden. Relevante Themen aus diesem Gebiet sind beispielsweise Vorurteile, Konflikte und Solidarität zwischen unterschiedlichen Gruppierungen. Du bemerkst sicherlich schon jetzt, dass sich die Sozialpsychologie mit äußerst relevanten Themen aus dem alltäglichen sozialen Leben eines jeden Menschen beschäftigt.

Aufgrund dieser hohen Themenvielfalt ist auch das Berufsspektrum des Sozialpsychologen breit gefächert. Sozialpsychologen arbeiten in den verschiedensten Bereichen. Selbstverständlich sind sie in der Grundlagen- und Anwendungsforschung tätig. Sozialpsychologen beschreiben, erforschen und analysieren die unterschiedlichsten Bereiche des sozialen Lebens. Sie sind in der Erwachsenenbildung als Lehrer bzw. Tutoren tätig. Man findet sie in der Unternehmensberatung sowie der Markt- und Meinungsforschung. Auch die Werbebranche bedient sich immer wieder der Expertise von Sozialpsychologen. Einrichtungen des Sozialwesens, wie Jugendämter, Sozialämter oder andere soziale Einrichtungen sind auf die Unterstützung von Sozialpsychologen ebenso angewiesen. Zu guter Letzt steht die Sozialpsychologie mit ihren Erkenntnissen und Befunden auch der Politik mit Rat und Tat zur Seite. Interessenvertretungen, Behörden und Verbände machen häufig vom Fachwissen des Sozialpsychologen

Gebrauch. Du siehst, dass die beruflichen Möglichkeiten in der Sozialpsychologie durchaus vielfältig sind.

Im Bereich der Sozial- und Verhaltenswissenschaften stellt die Sozialpsychologie eine Art Bindungsglied dar. Sie verbindet Prozesse der sogenannten Makroebene mit Prozessen der Mikroebene. Bei Makroprozessen handelt es sich um politische, ökonomische oder soziostrukturelle Prozesse. Sie fallen in der Regel in die Aufgabengebiete der Politikwissenschaft, der Wirtschaftswissenschaft oder der Soziologie. Bei Mikroprozessen handelt es sich um das subjektive Erleben des Individuums. Mit diesen Mikroprozessen beschäftigt sich in der Regel eher die Kognitionspsychologie, die Persönlichkeitspsychologie oder die Neurowissenschaft. Die Sozialpsychologie untersucht schließlich wie sich Makroprozesse auf Mikroprozesse auswirken und umgekehrt.

Bevor du dich jetzt aber in die inhaltlichen Themen der Sozialpsychologie stürzen kannst, werden in Kapitel 2 zunächst die wichtigsten Forschungsmethoden, wissenschaftstheoretischen Grundbegriffe sowie die Gütekriterien der sozialwissenschaftlichen Forschung dargestellt. Das Kennen dieser theoretischen Grundlagen ist für das Verständnis von Forschungsergebnissen von wichtiger Bedeutung. Auch dieses Kapitel ist recht kurzgehalten und es empfiehlt sich, bei Interesse, ein vertiefendes Selbststudium.

Über den gesamten Text hinweg findest du **fett** markierte Wörter. Wenn du selbige in eine Internetsuchmaschine oder eine Enzyklopädie bzw. ein Online-Lexikon eingibst, findest du mit Sicherheit vertiefende Literatur zu dem jeweiligen Themengebiet. Außerdem sind wichtige sozialpsychologische Autoren *kursiv* gekennzeichnet. Mit ein bisschen Glück findest du, zumindest teilweise, deren Originalarbeiten ebenfalls online.

Noch eine Anmerkung: Aus Gründen der besseren Lesbarkeit wird in diesem Text auf die explizite Nennung beider Geschlechter verzichtet. Wenn nicht ausdrücklich anders erwähnt, sind somit immer beide Geschlechter gemeint.

Und jetzt viel Spaß mit deinem Einstieg in die Sozialpsychologie!

2. Forschungsmethoden

Sozialpsychologen beschäftigen sich im Grunde genommen mit den gleichen Dingen, mit denen du dich auch den Großteil deines Lebens beschäftigst. Du bist in der Regel bemüht, Regelmäßigkeiten im Verhalten von Menschen zu erkennen, vorherzusagen und auch zu erklären. Wie solltest du dich am besten in Situation X verhalten oder warum hilfst du manchen Menschen lieber als anderen, sind typische Fragen aus der Sozialpsychologie, die dir im täglichen Leben begegnen. Du machst dies allerdings, im Gegensatz zum Sozialpsychologen, auf eine nicht wissenschaftliche Weise. Das bedeutet, dass die Erkenntnisse, Vorhersagen und Erklärungen, die ein Sozialpsychologe macht, bestimmten wissenschaftlichen Kriterien standhalten müssen, die für dich im Alltag keine Rolle spielen. Um ein besseres Verständnis dafür zu kriegen, wie ein Sozialpsychologe Forschung betreibt, werden im Folgenden deshalb zunächst die wichtigsten wissenschaftstheoretischen Grundbegriffe, Gütekriterien und Forschungsmethoden aus der Welt der Sozialpsychologie dargestellt.

2.1 Wissenschaftstheoretische Grundbegriffe

Eine jede wissenschaftliche Theorie setzt sich aus **Begriffen und Hypothesen** zusammen. Gerade in der Sozialpsychologie ist in der Folge die exakte **Definition** dieser Begriffe von enormer Bedeutung. Das kommt daher, dass in der Sozialpsychologie häufig mit hypothetischen Konstrukten gearbeitet wird. Hinter einem **hypothetischen Konstrukt** verbirgt sich ein abstrakter theoretischer Begriff, der sich nicht direkt beobachten oder physikalisch messen lässt, sondern nur durch die zu Hilfenahme von **Indikatoren** beobachten oder ableiten lässt. Beispielsweise ist es nicht möglich das Ausmaß von Vorurteilen in einer Person gegenüber einer bestimmten Gruppe von Menschen direkt zu erfassen. Man muss Indikatoren finden, die dieses hypothetische Konstrukt sichtbar machen. Im Falle von Vorurteilen könnten das abfällige Bemerkungen oder Gesten gegenüber einer bestimmten sozialen Gruppe sein. Dieser Vorgang wird **Operationalisierung** genannt. Wird das hypothetische Konstrukt angemessen repräsentiert spricht man von **Konstruktvalidiät**.

Hypothesen wiederum spezifizieren die genaue Beziehung zwischen den einzelnen hypothetischen Konstrukten. Die Beziehung in sozialpsychologischen Theorien hat am häufigsten die Form einer **Wenn-Dann-Beziehung**. Wenn du dich sehr stark mit einer bestimmten Gruppe identifizierst, dann steigt auch deine Hilfsbereitschaft gegenüber anderen Mitgliedern dieser Gruppe, wäre zum Beispiel eine typische Hypothese aus der sozialpsychologischen Forschung. Ein konkretisierendes Beispiel: Du vermutest, dass ein Fußballfan von Borussia Dortmund einem anderen Fan von Borussia Dortmund gegenüber hilfsbereiter ist, als einem Fan von Schalke 04. Die dazu passende Hypothese lautet: Wenn zwei Personen sich als Fußballfans des gleichen Vereines wahrnehmen, dann ist ihre Hilfsbereitschaft untereinander größer.

2.2 Gütekriterien zur Beurteilung sozialpsychologischer Forschungsbereiche

Wie gut letztendlich eine Theorie ist, hängt von einer Reihe von Gütekriterien ab. Innerhalb der wissenschaftlichen Gemeinschaft haben sich im Laufe der Zeit ganz bestimmte Gütekriterien durchgesetzt, die zur Beurteilung einer wissenschaftlichen Theorie herangezogen werden:

- **Innere Widerspruchsfreiheit** - du solltest nicht sowohl eine Aussage und deren Gegenteil aus einer Theorie ableiten können

- **Äußere Widerspruchsfreiheit** - eine Theorie sollte nicht anderen, bereits gesicherten Theorien widersprechen, ohne genau darzulegen, wo und warum den bereits gesicherten Theorien zu widersprechen ist

- Eine gute Theorie sollte möglichst **präzise** Erklärungen und Vorhersagen machen

- Eine Theorie, die sich auf mehrere Situationen **übertragen** lässt, ist besser

Diese kurze Aufzählung von Gütekriterien ist bei weitem nicht vollständig, gibt dir aber einen ersten guten Überblick darüber, welch hohen Ansprüchen eine wissenschaftliche (sozialpsychologische) Theorie genügen muss. Viele interessante Theorien sehen sich immer wieder schwerer Kritik ausgesetzt, da sie gegen einzelne Gütekriterien verstoßen.

2.3 Forschungsmethoden der Sozialpsychologie

Nachdem nun dargestellt wurde, wie Sozialpsychologen Theorien entwerfen und wie die Güte selbiger bewertet wird, wird im Folgenden beschrieben, mit welchen Methoden Daten erhoben und Hypothesen geprüft werden. Welche konkrete Forschungsmethode verwendet wird, hängt im Wesentlichen von zwei Fragen ab:

Soll die Datenerhebung im Labor oder im Feld stattfinden?

Bei der **Erhebung im Feld** werden die Daten in ihrem natürlichen Umfeld erhoben. Möchte man das Verhalten von Fußballfans untersuchen, würde es sich anbieten die Fans direkt im Fußballstadion zu beobachten. Ein großer Vorteil dieser Datenerhebungsmethode ist, dass sich die Fans in ihrer "natürlichen" Umgebung auch natürlich verhalten. Ein gewaltiger Nachteil ist allerdings, dass sämtliche äußere Bedingungen für den Sozialpsychologen nicht zu kontrollieren sind.

Bei der **Erhebung im Labor** verhält es sich exakt andersherum. Die äußeren Bedingungen unterliegen fast vollständig der Kontrolle des Sozialpsychologen, was ein großer Vorteil für das Prüfen von Theorien bzw.

Hypothesen ist. Ein Nachteil ist aber selbstverständlich die "Künstlichkeit" der Situation. Es ist beispielsweise nicht davon auszugehen, dass sich ein Fußballfan im Labor genauso verhält wie im Stadion.

In der Praxis führen diese Vor- und Nachteile häufig zu einer Kombination aus Feld- und Laborforschung. So werden Theorien, die im Feld beobachtet wurden, im Labor systematisch überprüft. Oder Theorien, die ihren Ursprung im Labor haben, werden auf ihre Bewährung im Feld hin überprüft. Du solltest beide Datenerhebungsverfahren in der Sozialpsychologie nicht als konkurrierende, sondern als sich ergänzende Methoden verstehen.

Soll die Datenerhebung der Beschreibung, der Vorhersage oder der Erklärung eines bestimmten sozialen Phänomens dienen?

Ist das Ziel hauptsächlich die **Beschreibung** eines sozialen Phänomens ist, greift man in der Regel zum einfachen Mittel der **Beobachtung** und Protokollierung des beobachten Verhaltens. Bleibt man bei dem Beispiel des Fußballfans, kann man beispielsweise die Fankultur mit all ihren Normen, Bräuchen und sozialen Strukturen am besten durch Beobachtung und Protokollierung von Fans im Stadion durchführen.

Ist das Ziel hingegen die **Vorhersage** eines sozialen Phänomens, ist meistens die **Korrelationsmethode** die gängigste Wahl in der Sozialpsychologie. Von Korrelationsstudien spricht man immer dann, wenn man zwei oder mehr Variablen systematisch misst und versucht eine Beziehung zwischen den Variablen herzustellen. Ein Beispiel für die Korrelationsmethode könnte einerseits die Messung von Aggressivität eines Kindes sein (erhoben durch Fragebögen an Eltern, Lehrern usw.) und die gleichzeitige Messung des durchschnittlichen täglichen Konsums von medialer Gewalt, sei es durch Fernsehgucken oder Computerspielen. Mit speziellen statistischen Verfahren, die die Korrelation untersuchen, kann dann analysiert werden, ob ein Zusammenhang zwischen der Aggressivität des Kindes und dem täglichen medialen Konsum von Gewalt besteht. Bei der Interpretation von Korrelationsstudien ist allerdings Vorsicht geboten. Korrelation bedeutet nicht Kausalität. Das bedeutet, nur weil zwei Dinge gleichzeitig beobachtet werden, heißt das nicht, dass die eine die andere hervorruft. Der kausale Zusammenhang könnte auch umgekehrt sein (das Kind ist nicht aggressiv, weil es so viel mediale Gewalt konsumiert, sondern das Kind konsumiert so viel mediale Gewalt, weil es aggressiv ist) oder eine dritte Variable (z.B. Erziehung der Eltern) könnte für das Verhalten verantwortlich sein.

Will man aber eine **Erklärung** für ein soziales Phänomen, ist das **Experiment** das bevorzugte Mittel der
sozialpsychologischen Forschung. Durch das systema-
tische Testen von einer Variablen auf eine andere Variable, lässt sich bestimmtes Verhalten am besten erklären. So könnte man die Aggressivität eines Kindes direkt vor und direkt nach dem Konsum von medialer
Gewalt messen und somit einfacher einen kausalen
Zusammenhang erkennen als das bei einer Korrelati-
onsstudie der Fall wäre. Daher spielen Experimente,
vor allem Laborexperimente, eine sehr wichtige Rolle
in der Sozialpsychologie. Der häufigste Kritikpunkt am
Laborexperiment ist, dass die Versuchspersonen in eine
künstliche Situation gebracht werden, die so nicht die
Wirklichkeit abbildet. Es fehle dem Experiment
dadurch an Realismus. Allerdings ist für die Gültigkeit
des sozialpsychologischen Laborexperiments entscheidender, dass das Experiment **psychologischen Realismus** besitzt. Das bedeutet, die getesteten psychologischen Prozesse entsprechen oder ähneln stark denen,
die in einer realen, natürlichen Situation vorkommen.

2.4 Kurzzusammenfassung

Die sozialpsychologische Forschung beschäftigt sich mit teils völlig alltäglichen und teils sehr speziellen sozialen Situationen. Sie versucht das Erleben und Verhalten von Menschen in diesen Situationen zu beschreiben, vorherzusagen und zu erklären. Dafür greifen Sozialpsychologen auf verschiedene Forschungsmethoden zurück. Um gültige Ergebnisse ihrer Beobachtungen, Studien und Experimente erzielen zu können, müssen sie sich an strenge Maßstäbe der wissenschaftlichen Gemeinschaft halten.

Nachdem du nun einen ersten Einblick darüber bekommen hast, welche Methoden Sozialpsychologen in der Forschung anwenden, geht es nun in die inhaltliche Ebene. Sämtliche Themen, die in der Sozialpsychologie behandelt werden, lassen sich wie bereits erwähnt, im Wesentlichen einem der vier folgenden Bereiche zuordnen: intrapersonale, interpersonale, intragruppale und intergruppale Prozesse. Was sich genau hinter diesen Prozessen verbirgt wird im Folgenden genauer erklärt werden. Eine Auswahl wichtiger Theorien und Modelle werden dir dazu vorgestellt werden und konkrete Beispiele sollen dir beim Verständnis der einzelnen Punkte helfen.

3. Intrapersonale Prozesse

Intrapersonale Prozesse sind im Allgemeinen ganz einfach Prozesse, die innerhalb einer Person ablaufen bzw. stattfinden. Das umfasst Prozesse wie die Eindrucksbildung von anderen Personen (Warum findest du diese Person attraktiv und eine andere Person nicht?), Attribution (Warum verhält sich diese Person so in dieser Situation und nicht anders? Liegt es am Charakter oder an den Umständen?) oder mit der Rationalität von Entscheidungen (Warum handeln Menschen oftmals in sozialen Situationen nicht rational?). Das folgende Kapitel beschäftigt sich allerdings zuerst mit der sozialen Kognition.

3.1 Soziale Kognition

Soziale Kognition bezeichnet den Prozess des Erwerbs, der Organisation und Anwendung von Wissen über sich selbst und die soziale Welt. Diese sogenannten **Wissensrepräsentationen** werden in der Sozialpsychologie in unterschiedliche Typen unterteilt:

- Ein **Schema** dient dir als ein Hilfsmittel, um Informationen, die du unter anderem in sozialen Situationen aufnimmst, eine Bedeutung zu-zuordnen. Schema ermöglichen es dir, dich schnell in unterschiedlichsten Situationen zu-rechtzufinden und dich angemessen zu verhal-ten, ohne großartige Denkanstrengungen vor-zunehmen. Wenn zum Beispiel dein Chef oder Lehrer mit dir spricht, sollte das Schema akti-viert werden, besser gut zuzuhören und nicht desinteressiert in die Gegend zu starren.

- Ein **Skript** ist dem Schema ähnlich, bezieht sich aber lediglich auf die zeitliche Abfolge von Dingen. Wenn du beispielsweise ein Res-taurant besuchst, weißt du durch ein Skript über die zeitliche Abfolge eines typischen Res-taurantbesuchs automatisch Bescheid.

- Eine **Kategorie** dient der Klassifizierung von Objekten, Personen oder Ereignissen mit ähnli-cher Funktion oder Bedeutung. Eine soziale Kategorie wäre zum Beispiel die Klassifizie-rung nach dem Geschlecht (Mann/Frau) oder nach der Altersgruppe (Kind/Jugendlicher/Er-wachsener/Senior).

- **Stereotype** beschreiben die allgemeinen typischen Merkmale der Mitglieder einer sozialen Gruppe bzw. Kategorie.

- Ein **Prototyp** beschreibt ein idealtypisches Mitglied einer sozialen Gruppe. Der idealtypische Rocker vereint alle allgemeinen typischen Merkmale der sozialen Gruppe "Rocker". Er fährt beispielsweise Motorrad, trägt eine Lederkutte, hat lange Haare etc.

Dies sind weitestgehend alles automatische Verarbeitungsprozesse, die Einfluss auf das Erleben und Verhalten jedes Einzelnen in sozialen Situationen haben. Der ständige Abgleich der sozialen Situation mit dir bekannten Schemata, Skripten, Kategorien, Stereotypen und Prototypen verringert deine kognitive Belastung. Aber welche weiteren Aspekte haben Auswirkungen auf dein soziales Denken und deine Informationsverarbeitung?

3.2 Zugrundeliegende Bedürfnisse

Die oben erwähnte Informationsverarbeitung hat die Funktion grundlegende Bedürfnisse zu dienen.

- **Das Bedürfnis, akkurat zu sein:** Viele sozialpsychologische Theorien gehen davon aus, dass Menschen das dringende Bedürfnis haben, von sich selbst und auch von ihrer sozialen Umwelt ein weitestgehend akkurates Bild zu entwickeln. Die Idee dahinter ist ganz einfach: Hast du ein genaues Bild deiner sozialen Umwelt und dir selbst, kannst du auch bessere Entscheidungen in Bezug auf dein soziales Verhalten treffen. In der Realität findest du aber leider nicht immer akkurate Informationen vor. Manchmal sind akkurate Informationen auch nicht erwünscht, falls sie beispielsweise mit anderen Bedürfnissen in Konflikt geraten.

- **Das Bedürfnis nach Konsistenz:** Der Mensch neigt dazu, Informationen zu suchen, die mit seiner bisherigen Denkweise, seinen Einstellungen und seinen Meinungen übereinstimmen. Aber warum macht er das? Er versucht die sogenannte **kognitive Dissonanz** zu vermeiden.

Kognitive Dissonanz bedeutet eigentlich nichts anderes als gleichzeitig mehrere sich ausschließende Gedanken zu haben. Dieser Widerspruch führt zu einem unangenehmen Gefühl innerer Anspannung. So kann es sein, dass man Widersprüche einfach beiseite wischt, um seine innere Konsistenz nicht zu gefährden. Ein Beispiel: Stell dir vor du bist ein großer Unterstützer eines Politikers und wählst selbigen auch regelmäßig. Mittlerweile kommen aber immer wieder Informationen an die Öffentlichkeit, die diesen Politiker eigentlich untragbar machen. Häufig änderst du dann aber nicht deine Meinung über den Politiker, sondern versuchst stattdessen Rechtfertigungen zu finden, warum das Verhalten doch nicht so schlimm sei. Das machst du (unter anderem), um dein Bedürfnis nach Konsistenz nicht zu gefährden und kognitive Dissonanz zu vermeiden.

- **Das Bedürfnis nach positiver Selbstbewertung**: Eine Reihe sozialpsychologischer Untersuchungen haben nachgewiesen, dass Menschen danach streben, ihr Selbstwertgefühl zu beschützen bzw. zu steigern. Das heißt, sie suchen auch nach Informationen, die ihr Selbstwertgefühl steigern und vermeiden möglichst

Informationen, die ihr Selbstwertgefühl bedrohen. Dieses Phänomen lässt sich auch auf die Zugehörigkeit einer sozialen Gruppe übertragen. Wenn du einer politischen Partei angehörst, gehst du nicht auf die Suche nach Informationen, die deine Partei in einem schlechten Licht dastehen lassen könnten. Im Gegenteil. Du vermeidest solche Informationen und suchst die positiven Nachrichten über deine Partei, um dein Selbstwertgefühl zu schützen. Damit siehst du schon, dass das dem Bedürfnis, akkurat zu sein, unter Umständen widerspricht.

Diese drei Bedürfnisse der sozialen Informationsverarbeitung steuern nicht nur die Selektion von Informationen, sondern auch die Art und Weise, wie diese Informationen verarbeitet werden.

3.3 Rationalität von Entscheidungen

Nachdem du jetzt einiges darüber erfahren hast, wie Menschen in sozialen Situationen Informationen verarbeiten, stellt sich nun die Frage, ob sie dies auch rational machen. *Daniel Kahneman und Amos Tversky* kamen in umfangreichen Studien zu dem Schluss, dass menschliches Entscheidungsverhalten häufig, zumindest nach streng mathematischen bzw. statistischen Gesichtspunkten, nicht rational ist. Ihrer Ansicht nach weichen Menschen in drei Punkten von einem vollständig rationalen Verhalten ab.

- **Wahrscheinlichkeitseinschätzung**: Die Wahrscheinlichkeit, dass ein bestimmtes Ereignis eintritt oder nicht, wird vom Menschen häufig falsch eingeschätzt. Dabei unterschätzt man große Wahrscheinlichkeiten und überschätzt hingegen kleine Wahrscheinlichkeiten. Das Phänomen der falschen Wahrscheinlichkeitseinschätzung nutzen beispielsweise Glücksspielanbieter intensiv aus.

- **Referenzpunkt**: Das Ergebnis einer Entscheidung wird vom Menschen immer in Relation zu einem ganz bestimmten Ausgangspunkt gesehen. Positiv erscheinen Gewinne gegenüber diesem Ausgangspunkt und negativ Verluste. Hierzu ein Beispiel: Stell dir vor, du findest 10 EUR auf dem Gehweg. Du freust dich. Stell dir nun vor, du findest 100 EUR auf dem Gehweg. Deine Freude ist mit Sicherheit noch größer. Nun findest du sogar 110 EUR auf dem Gehweg. Interessanterweise ist für gewöhnlich die Freude größer, wenn du 10 EUR findest, als der Unterschied in deiner Freude zwischen 100 EUR und 110 EUR. Und das obwohl du beide Male den gleichen Geldbetrag (10 EUR) zusätzlich findest.

Außerdem verursachen kleine Verluste mehr negative Gefühle als kleine Gewinne positive Gefühle verursachen. Wenn du erst 10 EUR verlierst und dann später wieder 10 EUR findest, bleibt dir immer noch ein leicht negatives Gefühl.

• **Rahmung der Entscheidung**: Ein entscheidender Faktor beim Bewerten von Entscheidungsalternativen ist, in welchem Rahmen sie gebettet sind. Was genau ist mit Rahmung gemeint? Beispielsweise wird die Beurteilung von Krebsbehandlungsmethoden dadurch beeinflusst, ob die jeweiligen Risiken anhand der

Überlebensrate oder der Sterblichkeitsrate angegeben werden. So kann es sein, dass eine Behandlung mit 75 % Überlebensrate angenommen wird, aber die selbe Behandlung mit einer Angabe von 25 % Sterblichkeitsrate abgelehnt wird. Der Rahmen "überleben" wirkt weitaus positiver als "sterben".

3.4 Einfluss von Emotionen und Stimmungen

Ein weiterer Faktor, der gehörigen Einfluss auf unser Entscheidungsverhalten in sozialen Situationen hat, sind Emotionen und Stimmungen. Für das Wort **Emotion** existiert in der Sozialpsychologie keine einheitliche Definition. Allgemein kann man unter dem Wort Emotion das Fühlen einer körperlichen Veränderung, welche auf Wahrnehmung eines erregenden Ereignisses erfolgt, verstehen. Auch wegen dieser Definitionsproblematik hat sich die Sozialpsychologie verstärkt auf die Auswirkungen von Stimmungen bei sozialen Entscheidungsprozessen konzentriert.

In Abgrenzung zu Emotionen kann man **Stimmungen** nach *Bless* folgendermaßen definieren:

- Stimmungen haben eine geringere Intensität als Emotionen.

- Stimmungen sind nicht auf ein Objekt gerichtet.

- Die Ursache der Stimmung ist nicht immer unmittelbar im Fokus der Aufmerksamkeit.

- Stimmungen ziehen keine bestimmten Reaktionen wie ein bestimmtes Verhalten, Emotionen oder Kognitionen nach sich.

- Stimmungen geben Informationen darüber, wie die allgemein Qualität des eigenen Zustandes ist.

Neben dem eigenen Verstand und dem angeeigneten Wissen ist der Mensch auch auf seine Gefühle (Emotionen, Stimmungen) angewiesen, um eine soziale Situation zu analysieren und interpretieren.

Wird eine soziale Situation als normal, d.h. unproblematisch empfunden, so kann der Mensch auf sein bisheriges Wissen (Schema, Skript usw.) zurückgreifen, um angemessen zu handeln. Er ist in einer positiven Stimmung.

Wird eine soziale Situation hingegen als problematisch identifiziert, ändert sich das Bild. Dem Menschen ist es nicht mehr möglich auf sein vorhandenes Wissen zurückzugreifen. Der so negativ gestimmte Mensch muss die Situation neu analysieren, um sein weiteres Verhalten und Handeln der sozialen Situation anzupassen.

Du könntest jetzt sicherlich meinen, dass Leute in schlechter Stimmung die besseren Denker sind. Das ist zum Teil sogar wahr. In Untersuchungen konnte tatsächlich festgestellt werden, dass auf positiv bzw. freudig gestimmte Menschen, die Qualität von Argumenten kaum eine Rolle spielt. Auch schlechten Argumentationen wird in guter Stimmung vertraut. Währenddessen zeigte sich, dass Menschen in trauriger, gedrückter Stimmung sehr wohl auf die Qualität von Argumenten achten. Ebenfalls konnte nachgewiesen werden, dass Personen in guter Stimmung viel häufiger auf Stereotype zurückgreifen als das schlecht gestimmte Personen tun.

Das alles heißt jetzt aber nicht, dass schlecht gestimmte Personen die besseren Lerner sind. Eine gute Stimmung wirkt sich nämlich positiv auf die Kreativität und die

Problemlösungsfähigkeiten aus. Das Zurückgreifen auf allgemeine Wissensstrukturen (Schema, Skript etc.) führt zu einem besseren Arbeitsfluss und erlaubt einem neue Zusammenhänge zu erkennen. Das völlige reflexionsfreie Aufgehen in einer problemlos laufenden Tätigkeit, welche trotz sehr hoher Beanspruchung unter absoluter Kontrolle ist, nennt man **Flow**. Eine gute Stimmung ist außerdem förderlich für die Motivation. Das hast du sicherlich auch schon bei dir selber beobachtet. Schlecht gelaunt, fällt die Motivation bei Aufgaben schneller ab und es besteht die Gefahr, dass mit der Aufgabe gänzlich gestoppt wird.

Zusammengefasst bleibt also festzuhalten, dass schlechte Stimmung zwar zu mehr kognitiven Aufwand führen kann, doch die Kreativität und Motivation deutlich leiden.

3.5 Attribution

Wichtig für die Interpretation der sozialen Umwelt ist es auch, wie du das Verhalten deiner Mitmenschen begründest. Die **Attributionstheorie** von *Fritz Heider* liefert hierfür einen Erklärungsansatz. Die Theorie besagt, dass du das Verhalten von Menschen erklärst, indem du die Verantwortung für das Handeln entweder der Situation oder der Veranlagung der Person zuschreibst. Man unterscheidet also zwischen **interner Attribution** (Persönlichkeit) und **externer Attribution** (Situation). Stell dir vor du hast einen neuen Arbeitskollegen und der kommt am ersten Tag direkt einmal zu spät. Du kannst dieses Verhalten jetzt dem Charakter des neuen Kollegen zuschreiben und ihn als wenig gewissenhaft, unzuverlässig oder faul charakterisieren. Oder du kannst sein Verhalten äußeren, situativen Faktoren zuschreiben. Vielleicht hatte sein Auto eine Panne, der Bus oder die Bahn kam nicht usw. Beides sind absolut mögliche, logische Erklärungen für sein Verhalten.

Der Mensch hat bei der Analyse des Verhaltens einer Person allerdings die Tendenz, den Einfluss der persönlichen Veranlagung zu überschätzen und den Einfluss der Situation zu unterschätzen. Diese häufige Fehleinschätzung nennt man in der Sozialpsychologie den **fundamentalen Attributionsfehler.**

Neben der Unterscheidung der Attribution in der Lokation (internal und external) kann man die Attribution auf zwei weiteren Dimensionen unterscheiden. Da wäre zum einen die Stabilität. Die Ursache für ein Verhalten kann sowohl stabil als auch instabil sein. Zum anderen wäre da die Kontrollierbarkeit. Ein Verhalten kann kontrollierbar und unkontrollierbar sein. Diese drei Dimensionen von Attribution sind beliebig miteinander kombinierbar.

Hierzu ein Beispiel zur Veranschaulichung: *Bernard Weiner und Kollegen* haben dazu eine interessante Aufstellung von möglichen Ursachen für Erfolg und Misserfolg in einer Prüfung gemacht:

o Sind die Ursachen internal, stabil und kontrollierbar, so ist das **Wissen** entscheidend für den Erfolg oder Misserfolg in einer Prüfung.

o Sind die Ursachen internal, stabil und unkontrollierbar, so ist die **Begabung** entscheidend für den Erfolg oder Misserfolg in einer Prüfung.

o Sind die Ursachen internal, instabil und unkontrollierbar, so ist das **Konzentrationsvermögen** entscheidend für den Erfolg oder Misserfolg in einer Prüfung.

o Sind die Ursachen internal, instabil und kontrollierbar, so ist die **Anstrengung** entscheidend für den Erfolg oder Misserfolg in einer Prüfung.

• Sind die Ursachen external, stabil und kontrollierbar, so sind **dauerhafte Ressourcen** (z.B. Hilfe eines Freundes) entscheidend für den Erfolg oder Misserfolg in einer Prüfung.

• Sind die Ursachen external, stabil und unkontrollierbar, so ist die **Aufgabenschwierigkeit** entscheidend für den Erfolg oder Misserfolg in einer Prüfung.

• Sind die Ursachen external, instabil und unkontrollierbar, so ist **Glück oder Zufall** entscheidend für den Erfolg oder Misserfolg in einer Prüfung.

- Sind die Ursachen external, instabil und kontrollierbar, so sind **temporäre Ressourcen** (z.B. Hilfe eines Fremden) entscheidend für den Erfolg oder Misserfolg in einer Prüfung.

Du siehst, für ein und denselben Fall existieren eine Reihe teils völlig verschiedener Attributionsarten. Je nach Attributionsart kommst du zu einer unterschiedlichen Interpretation, Meinung und Bewertung der sozialen Situation. Während man bei anderen Personen, wie oben erwähnt, dazu neigt, Ursachen auf den Charakter zurückzuführen, so ist man bei sich selbst eher flexibel. Den eigenen Erfolg in einer Prüfung führt man gerne auf interne und stabile Faktoren zurück. Bei Misserfolg schiebt man die Schuld lieber auf externe und unkontrollierbare Faktoren. Dies dient unter anderem dem Schutz des Selbstwertgefühls und Selbstvertrauens.

Jeder Mensch entwickelt im Laufe der Zeit einen ganz bestimmten Attributionsstil. Als **Attributionsstil** wird die relativ konstante Neigung einer Person verstanden, bei verschiedenen Situationen die gleichen Erklärungsmuster zu verwenden. Ernsthaft depressive Menschen ordnen Misserfolge beispielsweise konstant internalen, stabilen und kontrollierbaren Faktoren zu.

3.6 Eindrucksbildung und Personenwahrnehmung

Jeder kennt das Sprichwort "Man hat nur eine Chance auf einen ersten Eindruck". Dieses Sprichwort soll die Wichtigkeit des **ersten Eindrucks** bei der Eindrucksbildung verdeutlichen, denn ein negativer erster Eindruck scheint nur schwer wieder rückgängig machen zu sein. Und in der Tat bestätigt die sozialpsychologische Forschung genau diese Annahme. Zwar bilden Menschen im Allgemeinen eher positive als negative Eindrücke, allerdings zieht ein negativer Eindruck überproportional viel Aufmerksamkeit auf sich. Auch ist es sehr viel schwerer diesen negativen Eindruck durch positive Informationen wieder zu korrigieren. Umgekehrt gilt dies allerdings wiederum nicht. Ein positiver Ersteindruck kann durch neue negative Informationen sehr viel schneller den Gesamteindruck in negative Richtung verändern. Das kann damit zusammenhängen, dass negative Informationen eher die Ausnahme sind. Durch die höhere Seltenheit wird ihnen eine höhere Aufmerksamkeit zuteil und sie werden intensiver kognitiv verarbeitet. Die Gründe dafür könnten evolutionär begründet sein, da negative Informationen eine eventuelle Gefahr für einen selbst bedeuten könnten. Wenn du zum Beispiel feststellst, dass dein neuer Arbeitskollege, der im Büro neben dir sitzt, die letzten Jahre im Gefängnis verbracht hat, wird das mit Sicherheit die Tatsache überstrahlen, dass der neue Kollege bisher immer einen sehr netten Eindruck gemacht hat.

Der hohe Stellenwert des Ersteindrucks wird in der Sozialpsychologie auch **Primacy Effekt** genannt. Dieser sagt lediglich aus, dass eben zuerst dargebotene Informationen einen übermäßigen großen Einfluss auf die Gesamteindrucksbildung haben. So zeigte sich in Untersuchungen, dass Lehrer Schüler besser bewerten, die die ersten Aufgaben in einer Reihe von Aufgaben richtig beantwortet hatten, dann aber Fehler bei weiteren Aufgaben machten, als Schüler, die die ersten Aufgaben falsch lösten und die folgenden Aufgaben richtig bearbeiteten.

Es gibt aber auch den umgekehrten Fall. Die zuletzt präsentierte Information hat einen übermäßig großen Einfluss auf die Gesamteindrucksbildung. Diesen Effekt nennt die Sozialpsychologie **Recency Effekt**. Der Recency Effekt ist allerdings meist die Ausnahme und tritt eher auf, wenn eine Person wenig motiviert ist personenbezogene Informationen zu verarbeiten.

Ein weiterer Effekt, der bei der Eindrucksbildung vorkommen kann, ist der sogenannte **Halo-Effekt**. Der Halo-Effekt besagt, dass Wissen einer bestimmten Eigenschaft einer Person alle restlichen Eigenschaften überstrahlt. Das können Charaktereigenschaften wie Intelligenz sein, aber auch äußere Eigenschaften wie eine hohe Attraktivität. Ein sozialpsychologisches Experiment zeigte beispielsweise, dass die Aufsätze von attraktiven Autorinnen durchschnittlich besser benotet wurden, als der gleiche Aufsatz von weniger attraktiven Autorinnen. Die Attraktivität überstrahlte dabei die geringeren schriftstellerischen Fähigkeiten.

Ein interessantes sozialpsychologisches Phänomen, dass der Mensch zur Aufrechterhaltung von Eindrücken unbewusst verwendet, ist die **selbsterfüllende Prophezeiung.** Die selbsterfüllende Prophezeiung läuft folgendermaßen ab: Du hast eine bestimmte Erwartung von dem Verhalten einer anderen Person. Aufgrund dieser Erwartung behandelst du diese Person so, dass sie dadurch dazu gebracht wird sich tatsächlich deinen Erwartungen entsprechend zu verhalten. Ein Beispiel: Ein Lehrer hat den Eindruck, dass ein Schüler unbegabt ist. Aufgrund dieses Eindrucks behandelt der Lehrer seinen Schüler auf eine ganz bestimmte Weise. Er gibt ihm zum Beispiel weniger Zeit auf eine Frage zu antworten, da der Lehrer bereits davon ausgeht, dass der Schüler die Frage eh nicht beantworten kann. Aufgrund dieser Behandlung verhält sich der Schüler nervös, da er unter dem zusätzlichen Zeitdruck die Frage nicht richtig beantworten kann. Und da der Schüler die Frage nicht beantworten kann, bestätigt sich der Eindruck des Lehrers, dass der Schüler unbegabt sei.

3.7 Kurzzusammenfassung

Intrapersonale Prozesse sind ein wichtiger Bereich sozialpsychologischer Forschung. Er befasst sich mit einer Vielzahl interessanter Themen. Von kognitiven Verarbeitungsprozessen und ihren zugrundeliegenden Bedürfnissen, über die Rationalität von Entscheidungen und dem Einfluss von Emotionen und Stimmungen auf das Individuum, bis hin zur Attribution und Eindrucksbildung. All diese Themengebiete sind Gegenstand aktueller sozialpsychologischer Forschung. Die so erschlossenen Erkenntnisse und Befunde spielen eine wichtige Rolle, um zu verstehen wie Menschen ihre soziale Umwelt begreifen und nach welchen Mustern sie soziales Erleben und Verhalten erschließen.

4. Interpersonale Prozesse

Als Interpersonale Prozesse werden zwischenmenschliche Prozesse bezeichnet. Der Aufbau, Erhalt und Verlauf von sozialen Beziehungen haben einen äußerst wichtigen Stellenwert für das subjektive Wohlbefinden eines jeden Einzelnen. Aber was genau ist eine soziale Beziehung? In der Sozialpsychologie spricht man von einer sozialen Beziehung, wenn zwei Menschen miteinander interagieren und sich dadurch in ihrem Erleben und Verhalten beeinflussen. Wie eng eine soziale Beziehung ist, hängt von mehreren Faktoren ab. Enge Beziehungen zeichnen sich durch folgende Punkte aus:

- Ein hohes Maß an wechselseitiger Abhängigkeit,

- das Ausüben von kognitiven, affektiven und verhaltensbezogenen Einfluss,

- dass dieser Einfluss eine hohe Intensität hat und

- dass diese Eigenschaften über eine längere Dauer Bestand haben.

Wie entwickelt sich aber eine solch enge soziale Beziehung?

4.1 Von einer flüchtigen zu einer festen Beziehung

Gegenseitige Attraktion ist ein wichtiger Faktor, um aus einem simplen sozialen Kontakt eine enge soziale Beziehung zu entwickeln. **Interpersonale Attraktion** bedeutet, dass man den gegenseitigen Kontakt sucht, da dies positive Gefühle in einem hervorruft. Attraktion steht damit eine Stufe über dem Begriff Sympathie. Sympathisch können einem auch flüchtige Bekanntschaften sein.

Welche Faktoren beeinflussen gegenseitige interpersonale Attraktion?

- Die Häufigkeit mit der sich zwei Menschen begegnen, trägt wesentlich zur interpersonalen Attraktion bei. Umso häufiger zwei Menschen in Kontakt treten, desto vertrauter sind sie sich. Der sogenannte **Mere-Exposure-Effekt** beschreibt dieses Phänomen. Solange die erste Begegnung nicht negativ ausfällt, hat das sich wiederholte Begegnen positive Auswirkungen auf die gegenseitige Attraktion. Verläuft die erste Begegnung allerdings negativ, verstärkt

häufigeres Sehen dieses negative Gefühl noch
weiter.

- Ein zweiter Faktor sind die **charakteristischen
  Merkmale** der anderen Person. Darunter fallen
  ihr Aussehen, ihre Eigenschaften, Einstellungen, Präferenzen usw. Bei der ersten Begegnung fällt selbstverständlich zuerst die physische Attraktivität besonders in Gewicht. Einer
  besonderen Stellung kommt dabei dem Gesicht
  zu. Je durchschnittlicher das Gesicht erscheint,
  desto attraktiver wirkt dieses Gesicht im Allgemeinen. Zusätzlich verbinden Menschen
  physische Attraktivität auch mit anderen positiven Eigenschaften wie Intelligenz oder Empathie.

- Ein anderer Faktor, der eine überragende Rolle
  in Bezug auf die interpersonale Attraktivität
  einnimmt, ist die **Wahrnehmung von Ähnlichkeiten in Bezug auf persönlich relevante
  Einstellungen**. Das hat mehrere Gründe. Personen mit ähnlichen Einstellungen haben größere Chancen auch ähnlichen Aktivitäten nach-
  zugehen, was sich positiv auf die Intensität der
  Beziehung auswirken kann. Personen, die einem ähnlich sind, können einen selbst wahr-

scheinlich auch gut leiden. Und wahrgenommene Ähnlichkeiten in Einstellungen bestätigen die eigenen Einstellungen, was einem wiederum ein gutes Gefühl gibt.

• Die **eigene Stimmung** ist ein weiterer Faktor,
der sich positiv auf die interpersonale Attraktion auswirkt. Wenn man in einer guten Stimmung ist, wirken andere Menschen auf einen
sympathischer und attraktiver, als wenn man in
schlechter Stimmung ist.

4.2 Beziehungstypen

Die Sozialpsychologie unterscheidet maßgeblich zwei
verschiedene Beziehungstypen voneinander: Austauschbeziehungen und Gemeinschaftsbeziehungen.

Bei **Austauschbeziehungen** dienen die Interaktionen
zwischen zwei Individuen dem Austausch materieller,
sozialer und / oder psychologischer Ressourcen. Menschen in einer Austauschbeziehung machen die Auf-
nahme, Aufrechterhaltung oder den Abbruch der Beziehung davon abhängig, wie gut das wahrgenommene
Kosten und Nutzen Verhältnis ist. Das heißt, solange

der Nutzen der Beziehung die Kosten übersteigt oder sich keine besseren Alternativen bieten, wird diese interpersonale Beziehung fortgesetzt. Das Prinzip, auf dessen eine Austauschbeziehung beruht, ist das **Gleichheitsprinzip**. Wenn du jemandem einen Gefallen tust, erwartest du auch einen Gefallen oder etwas von ähnlichem Wert zurück. Das Geben und Nehmen sollte sich im Gleichgewicht befinden. Beide Partner achten in einer solchen Beziehung genau darauf. Austauschbeziehungen findet man in der Regel zwischen Arbeitskollegen, Bekannten, Nachbarn oder Fremden.

Wird so die Bindung zwischen beiden Partnern, vor allem auch auf emotionaler Ebene, immer fester, kann die Beziehung in eine **Gemeinschaftsbeziehung** übergehen. In einer Gemeinschaftsbeziehung gehen beide Partner davon aus, dass jeder das Wohlbefinden des anderen im Blick hat. Es wird dann nicht mehr so sehr darauf geachtet, wer wie viel gibt und bekommt, sondern die Bedürfnisse des anderen rücken in den Vordergrund. Eine Gemeinschaftsbeziehung funktioniert deshalb nach dem **Bedürfnisprinzip**. So bist du beispielsweise bereit deinem Partner auch dann etwas zu geben, wenn du weißt, dass er das nicht entsprechend erwidern kann. Gemeinschaftsbeziehungen findet man in Familienbeziehungen, bei engen Freundschaften oder in Liebesbeziehungen.

Der Übergang von einer Austauschbeziehung in eine Gemeinschaftsbeziehung stellt einen wichtigen Wendepunkt in einer interpersonalen Beziehung dar. Der Übergang wird meist von Selbstenthüllungen sensibler Informationen begleitet. Man teilt seine tiefsten Gedanken und Gefühle, was die emotionale Bindung verstärkt, solange der Partner sich ebenfalls selbst enthüllt. Die Selbstenthüllungen dürfen dabei nicht zu früh in einer Beziehung passieren, sonst wirken selbige eher abschreckend als emotional bindend.

4.3 Der Einfluss interpersonaler Beziehungen auf die Gesundheit

Zahlreiche Studien konnten einen positiven Zusammenhang zwischen sozialer Eingebundenheit und sowohl psychischer als auch körperlicher Gesundheit feststellen. Durch die **Experience sampling method** konnten Sozialpsychologen nachweisen, wie sich die Stimmung beim Aufsuchen und Verlassen von sozialen Begegnungen ändert. Die Experience sampling method ist eine Untersuchungsmethode, in der die Probanden angehalten sind, ihre Alltagsstimmungen in Echtzeit festzuhalten. Dazu tragen die Versuchspersonen ein Notizbuch bei sich, in dem sie auf vorgefertigten Skalen ihre Empfindungen, Stimmungen oder Gefühle protokollieren.

Aber wie du selbstverständlich auch schon festgestellt hast, können interpersonale Beziehungen auch zu negativen Gefühlen und Stimmungen führen. Konfliktreiche Beziehungen, das Beenden einer Beziehung oder auch das nicht Vorhandensein von sozialen Beziehungen kann sich extrem negativ auf das Wohlbefinden auswirken. Einsamkeit nimmt dabei eine außergewöhnliche Rolle ein. Einsam ist derjenige, der weniger soziale Kontakte pflegt als er gernhätte oder die Beziehungen, die er hat, nicht von der erwünschten Qualität sind. Einsamkeit darf allerdings nicht mit dem Alleinsein verwechselt werden. Es ist durchaus möglich allein zu sein und sich kein bisschen einsam zu fühlen. Das Alleinsein kann sogar ein wohltuender Genuss sein. Insgesamt wirken sich gut soziale Beziehungen aber, wie oben erwähnt, positiv auf die psychische Gesundheit aus.

Die physische Gesundheit profitiert ebenso von guten interpersonalen Beziehungen. Korrelationsstudien konnten nachweisen, dass sozial stark eingebundene Personen eine bessere Gesundheit haben. Emotionale Unterstützung (Zuneigung, Wertschätzung etc.), instrumentelle Unterstützung (materielle / finanzielle) und Unterstützung bei Entscheidungsfindung und Bewertung (Feedback, Informationen etc.) wirken sich allesamt positiv auf die physische Gesundheit aus. Fehlt diese Unterstützung hat das nachweislich negative Folgen auf das Immunsystem.

4.4 Erhalt von Beziehungen

Ein bekanntes Modell, dass sich mit dem Erhalt von Beziehungen beschäftigt ist das **Investitionsmodell** von *Caryl Rusbult*, das auf dem Modell von Austauschbeziehungen aufbaut. Einen zentralen Punkt im Investitionsmodell nimmt der Begriff **Commitment** ein. Commitment bedeutet die Absicht die Beziehung aufrechtzuerhalten, sich emotional an die Beziehung gebunden zu fühlen und sich auch in Zukunft an den Beziehungspartner gebunden zu sehen. Wie stark das Commitment ist, hängt laut Rusbult von drei Faktoren ab:

- **Zufriedenheit**: Je zufriedener eine Person mit der Beziehung ist, desto größer ist ihr Commitment. Die Zufriedenheit setzt sich aus vielerlei verschiedenen Faktoren zusammen. Welche am besten die Zufriedenheit in der Beziehung vorhersagen können, ist in der Sozialpsychologie noch nicht vollständig geklärt.

- **Investitionen**: Als Investitionen bezeichnet man in diesem Zusammenhang alle Faktoren, die das Beenden der Beziehung relativ kostspielig machen. Dazu zählen sowohl Ressourcen wie Geld, Zeit oder Emotionen, aber auch gemeinsam genutzte Ressourcen, wie Eigentum (z.B. ein gemeinsames Haus) oder gemeinsame Erinnerungen, Freundschaften etc. Je mehr Ressourcen in eine Beziehung geflossen sind und in ihr produziert wurden, desto höher ist auch hier das Commitment.

- **Alternativen**: Das Vorhandensein von attraktiven Alternativen, wie eine andere Partnerschaft oder auch das Alleinsein, können dazu führen, dass das Commitment zur Beziehung sinkt.

Eine Vielzahl an Studien konnte diese drei Faktoren für die Stabilität bzw. Instabilität von Beziehungen bestätigen.

4.5 Konflikte in Beziehungen

Beziehungskonflikte gehen der Auflösung von Beziehungen logischerweise häufig voraus. Ursache hierfür sind häufig Kommunikationsprobleme, die ihrerseits die Lösung des eigentlichen Problems weiter erschweren können. Häufig finden sich zwei ganz bestimmte Kommunikationsmuster in gestörten Beziehungen:

- **Reziprozität negativer Affektivität**: Was bedeutet das? Das Prinzip ist denkbar einfach. Gleiches wird mit Gleichem vergolten. Runzelt dein Partner kritisch mit der Stirn, tust du das auch. Gehen seine Mundwinkel nach unten, tun deine das auch. Jedes negative Zeichen deines Partners wird also mit einem ähnlich negativen Zeichen von dir beantwortet. Dadurch entsteht eine gefährliche Negativspirale in Konfliktsituationen.

- **Mitteilungsbedürfnis vs. Rückzugs-Interaktionsmuster**: Diesem Kommunikationsmuster liegen die unterschiedlichen Konfliktbearbeitungsmuster der Geschlechter zugrunde. Männer neigen in Konfliktsituationen eher dazu sich zurückzuziehen und Probleme möglichst rational anzugehen. Frauen hingegen berichten ausgiebig von ihren derzeitigen Emotionen und sind dabei sehr ausdrucksstark und kommunikativ. Diese beiden Konfliktbewältigungsstrategien von Mann und Frau sind von Grund auf verschieden, wobei keine der beiden Strategien besser oder schlechter ist als die andere. Das Problem ist einfach, dass beide Strategien nicht gut zusammenpassen.

Ein weiterer Punkt der Konflikte in Beziehungen verstärken kann, ist die oben bereits angesprochene **Attribution**. Wenn in einer glücklichen Beziehung, dein Partner total gereizt und mit schlechter Laune von der Arbeit kommt, schreibt man das äußeren Faktoren wie der Situation zu. Vielleicht stand dein Partner im Stau oder er hatte Ärger mit einem Arbeitskollegen. In einer kriselnden Beziehung hingegen schreibst du die Gereiztheit und schlechte Laune seinem Charakter zu. Dein Partner ist ein schlecht gelaunter Griesgram. Während du dich in Fall 1 womöglich verständnisvoll und unterstützend zeigst, kannst du dadurch die Laune deines Partners verbessern. In Fall 2 hingegen gibst du deinem Partner die Schuld an seiner schlechten Laune, was selbige wohl noch weiter verschlechtern dürfte. Ein Teufelskreis an Konflikten droht.

4.6 Prosoziales Verhalten

In der Sozialpsychologie werden solche Verhaltensweisen als prosozial bezeichnet, die die Gesellschaft als gewinnbringend oder vorteilhaft für andere Menschen / die Gesellschaft erachtet. Es handelt sich also um durchweg positives Verhalten. Deshalb ist es nicht verwunderlich, dass die Sozialpsychologie und andere wissenschaftlichen Disziplinen sich intensiv mit der Frage auseinandersetzen, wann und warum Menschen anderen Menschen helfen. Durch die Forschung an prosozialem Verhalten erhofft man sich Erkenntnisse über die menschliche Natur zu bekommen und wie man Menschen zu mehr prosozialem Verhalten motivieren kann. Prosoziales Verhalten ist dabei immer extrem kontextabhängig. Jemandem ins Gesicht zu schlagen würdest du isoliert sicherlich nicht als prosoziales Verhalten einstufen. Wenn das allerdings getan wird, um einer anderen Person in höchster Not zu helfen, kann beispielsweise auch physische Gewalt äußerst prosozial sein.

Wie genau ist Helfen in der Sozialpsychologie definiert? Als **Helfen** werden Verhaltensweisen bezeichnet, die eine Person mit der Absicht ausführt, die Situation oder das Wohlergehen einer anderen Person zu verbessern bzw. zu beschützen. Entscheidend dabei ist, dass dieses Verhalten in voller Absicht geschieht. *Pearce und Amato* haben ein Klassifikationssystem entwickelt, mit welchem sich Helfen auf drei unabhängigen Dimensionen klassifizieren lässt. Diese drei Dimensionen sind:

- **Planungsgrad**: Ist das Hilfeverhalten relativ spontan und informell oder ist es auf lange Sicht geplant und formal. Ein spontanes, informelles Hilfeverhalten liegt z.B. dann vor, wenn du für jemanden einen heruntergefallenen Gegenstand aufhebst. Ein geplantes, formales Verhalten findet man häufig bei ehrenamtlichen Tätigkeiten. Wenn du z.B. die Jugendfußballmannschaft deines Stadtteils trainierst, ist die geplantes Hilfeverhalten.

- **Schweregrad**: Dient die Hilfe eher einem kleineren Problem oder handelt es sich um Hilfe mit gravierenden Konsequenzen? Einer Person Wechselgeld zu geben oder die Tür aufzuhalten ist mit Sicherheit eine eher kleine Hilfeleistung. Wenn du nach einem Verkehrsunfall allerdings Erste Hilfe leistest, um womöglich ein Menschenleben zu retten, ist das enorme Ausmaß dieser Hilfeleistung offensichtlich.

- **Art des Kontakts**: Ist der Kontakt für den Helfer direkt oder findet die Hilfeleistung indirekt oder vermittelt statt. Nimm einmal an ein Sturm verwüstet Teile deiner Nachbarstadt. Du kannst jetzt zum Beispiel direkt und unvermittelt helfen, indem du in die Stadt fährst und bei den Aufräumarbeiten mitarbeitest. Oder du könntest Geld oder Güter spenden und so indirekt und vermittelt helfen.

Du siehst, dass unter Helfen verschiedenste Handlungen verstanden werden können, die sich in ihrer Qualität massiv voneinander unterscheiden. Bisher wurde das Hilfeverhalten auch nur aus der Sicht des Helfers beleuchtet. Der Hilfeempfänger mag eine gut gemeinte Hilfeleistung unter Umständen gar als Beleidigung auffassen oder sich unselbstständig und abhängig fühlen. Du solltest also bei prosozialem Verhalten immer die Gefühle des Hilfeempfängers im Blick behalten.

Vom Begriff des Helfens ist der Begriff des **Altruismus** zu unterscheiden. Beim altruistischen Helfen ist das primäre Ziel, das Wohlergehen eines anderen Menschen zu schützen und / oder zu verbessern. Das Helfen ist absolut selbstlos. Der persönliche Nutzen für den Helfer, wie z.B. soziale Anerkennung, entsteht dabei nur beiläufig und ist nicht beabsichtigt.

Altruistisches Helfen steht damit im Gegensatz zum **egoistischen Helfen**, welches in erster Linie darauf abzielt, dass das Wohlergehen des Helfers sich verbessert oder geschützt wird. Das Wohlergehen des Hilfeempfängers kommt dabei nur an zweiter Stelle.

Warum helfen Menschen einander?
Nachdem oben dargestellt wurde, welche Arten von prosozialem Verhalten es gibt, geht es nun um die genaueren Beweggründe, warum Menschen einander überhaupt helfen. Dies hat unter anderem **evolutionäre Gründe**. Die natürliche Selektion hat prosoziales Verhalten gefördert. Denn das Helfen der unmittelbaren Familie fördert den indirekten Reproduktionserfolg des Einzelnen. *Meyer* nennt dieses Phänomen **Verwandtenselektion**, welche auf dem Konzept der Gesamtfitness von *Hamilton* beruht. Es gibt eine Reihe empirischer Belege für die Annahme, dass das Hilfeverhalten linear ansteigt je höher der Grad der Verwandtschaft zwischen Helfer und Hilfeempfänger ist. Interessanterweise tritt dieser Zusammenhang hauptsächlich in lebensbedrohlichen Szenarien auf.

Menschen helfen aber auch Nicht-Verwandten. Wie kommt es dazu? Hierfür spielt oft das **Prinzip der Wechselseitigkeit** eine wichtige Rolle. Wenn du einem

Nicht-Verwandten hilfst, besteht die Chance, dass dieser die Hilfe zu einem späteren Zeitpunkt erwidert. Wenn du zum Beispiel in der Schule gut im Fach Mathematik bist, kannst du einem Schulkameraden bei der Klausurvorbereitung helfen. Im Gegenzug erhoffst du dir dann Hilfe, wenn es um die Vorbereitung auf die Deutschklausur geht.

Des Weiteren basiert Hilfeverhalten häufig auf einfachen Kosten-Nutzen-Analysen. Damit folgt der Mensch dem Prinzip der Nutzenmaximierung. Dabei berücksichtigen Menschen bei der Entscheidungsfindung, ob sie einer anderen Person helfen oder nicht helfen verschiedene Konsequenzen:

- **Materielle Konsequenzen**: Was kostet es dich materiell (finanziell etc.) jemandem zu helfen? Oder was ist die materielle / finanzielle Belohnung, wenn du dieser Person hilfst?

- **Körperliche Konsequenzen**: Welche Anstrengungen, Schmerzen oder gar Verletzungen musst du in Kauf nehmen, um einer Person zu helfen? Nutzt es dir auf lange Sicht körperlich, wenn du hilfst (z.B. das ehrenamtliche Betreuen einer Sportmannschaft)?

- **Soziale Konsequenzen**: Musst du negative soziale Konsequenzen fürchten, wenn du der anderen Person hilfst? Diese Konsequenzen könnten beispielsweise Ausgrenzung oder Spott sein. Oder nutzt dir das Helfen und verleiht dir beispielsweise Anerkennung.

- **Psychische Konsequenzen**: Musst du unter Umständen negative Konsequenzen fürchten, wenn du einer anderen Person hilfst? Dazu könnten das Überwinden von Ängsten oder Ekel zählen. Oder nutzt dir dein Hilfeverhalten auf psychischer Eben durch z.B. einem gesteigerten Selbstwertgefühl oder dem Abbau negativer Gefühle?

Aber nicht nur das Helfen hat bestimmte Kosten und Nutzen, auch das **Nicht-Helfen** trägt seine ganz eigenen Kosten und Nutzen mit sich. So vergleicht der Mensch auch die Kosten des Helfens mit den Kosten des Nicht-Helfens. *Jane Piliavin und Kollegen* haben dazu mögliche Verhaltensreaktionen von potenziellen Helfern in Hinblick auf die erwarteten Kosten des Helfens und Nicht-Helfens aufgestellt:

Wenn sowohl die Kosten des Helfens als auch die Kosten des Nicht-Helfens gering sind, so variiert das Hilfeverhalten von Menschen in Abhängigkeit von ihren persönlichen Normen. Sind die Kosten des Helfens niedrig und die Kosten des Nicht-Helfens gleichzeitig hoch, so helfen Menschen in der Regel möglichst direkt. Sind die Kosten des Helfens hingegen hoch und die Kosten des Nicht-Helfens gering, so ignorieren, verleugnen oder verlassen die meisten Leute die Situation ohne zu helfen. Und sind schließlich sowohl die Kosten für das Helfen als auch für das Nicht-Helfen hoch, so versucht der Mensch eher indirekt zu helfen oder die Situation neu zu interpretieren.

Du siehst Helfen und Nicht-Helfen ist häufig eine komplexe Kosten-Nutzen-Abwägung. Aber nicht immer liegen Hilfeverhalten solche Kalkulationen zugrunde. Manchmal helfen Menschen anderen auch einfach aus **Empathie**. Empathie sind Gefühle wie Mitgefühl, Besorgnis, Mitleid, Fürsorglichkeit oder Wärme, die dadurch entstehen, dass man die Perspektive der möglicherweise hilfebedürftigen Person übernimmt. Solch ein auf Empathie basiertes Hilfeverhalten wird durch ein Gefühl der Verbundenheit zwischen Helfer und Hilfsbedürftigem begünstigt.

Zu den Auswirkungen von Empathie auf das Hilfeverhalten führten *Daniel Batson und Kollegen* eine interessante Untersuchung durch, das sogenannte **Elaine-**

Experiment. In diesem Experiment wurde den Versuchspersonen vorgespielt, dass Elaine (eine Komplizin der Versuchsleitung) unter Stress Lernaufgaben lösen sollte. Der Stress wurde mit vermeintlichen Elektroschocks bei Falschbeantwortung der Aufgaben hervorgerufen. Elaine litt aufgrund eines Kindheitstraumas stark unter diesen Elektroschocks. Die Versuchspersonen hatten nun die Möglichkeit, die Rolle von Elaine zu übernehmen, um sie von ihrem Leid zu erlösen. Heraus kam, dass Personen, die eine höhere Ähnlichkeit mit Elaine hatten, auch mehr Empathie fühlten und eher bereit waren, ihr zu helfen.

Ein interessanter Befund ist auch im unterschiedlichen Hilfeverhalten der beiden Geschlechter zu beobachten. Frauen zeigen eher Hilfe in Form von Pflege und Hingabe, während Männer eher in Notfallsituation zur Hilfe eilen. Weder Frauen und Männer helfen jedoch tendenziell mehr, lediglich anders.

Wie kommt es aber immer wieder dazu, dass das Helfen von Menschen in Notfallsituationen ausbleibt? *Latané und Darley* haben dazu ein Modell aufgestellt, das zeigt, welche Schritte ein Zeuge eines Notfalls überwinden muss, um zu helfen. Diese Schritte sind:

- Der Zeuge muss den Notfall bemerken.

- Er muss ihn als solchen auch interpretieren.

- Er muss Verantwortung übernehmen.

- Er muss die passende Art der Hilfeleistung auswählen.

- Er muss die Entscheidung letztendlich umsetzen.

Das Problem: Bei allen fünf Schritten ist es leicht zu scheitern und in der Folge nicht zu helfen. Allein den Notfall zu bemerken, ist nicht immer möglich. Wenn sich ein heftiger Autounfall vor deiner Nase abspielt, bemerkst du das mit Sicherheit. Aber wenn zum Beispiel ein herzkranker Mann langsam auf einer Parkbank zusammensackt und du gerade mit deinem Handy telefonierst, kriegst du den Notfall womöglich überhaupt nicht mit. Gehen wir aber mal davon aus, dass du die Szene mit dem zusammensackenden Mann bemerkst. Jetzt musst du in der Lage sein, diese Szene auch als Notfall zu interpretieren. Der nächste Schritt wäre dann Verantwortung zu übernehmen und Hilfe zu leisten. Aber warum ausgerechnet du? Es stehen noch ein Dutzend anderer Personen um dich herum, die genauso gut oder vielleicht sogar besser helfen könnten. In der Sozialpsychologie nennt man dieses Phänomen Verantwortungsdiffusion. Die Verantwortung in einer Notfallsituation selbst einzuschreiten, nimmt mit der Anwesenheit anderer Personen ab. Sagen wir du übernimmst die Verantwortung. Was ist jetzt die richtige Art der Hilfe. Sprichst du die Person erst an? Sprichst du andere Passanten an? Rufst du direkt den Krankenwagen? Die passende Art der Hilfeleistung ist nicht immer ersichtlich. Aber selbst wenn du jetzt die ersten vier Hürden genommen hast, musst du deinen theoretisch geschlossenen Plan auch noch umsetzen. Gerade wenn man sich unsicher ist, was die richtige Hilfeleistung ist, kann das extrem hemmend wirken und zum Abbruch der Hilfe führen.

4.7 Aggressives Verhaltens

Aggressives Verhalten wird in der Sozialpsychologie folgendermaßen definiert: Aggression ist ein absichtliches Verhalten, dass das Ziel hat, einem anderen Menschen Schaden jeglicher Art zuzufügen, wobei der andere Mensch versucht, dies zu vermeiden. Interessant an dieser Definition ist, dass bereits die Absicht jemandem zu schaden ausreicht, um aggressives Verhalten auch als solches zu werten. Wenn du eine andere Person versuchst zu schlagen, aber scheiterst, so ist dies trotzdem aggressives Verhalten.

Des Weiteren ist aggressives Verhalten, genauso wie auch das prosoziale Verhalten, stark kontextabhängig. So kann aggressives Verhalten durchaus prosozial gesehen werden, wenn du beispielsweise eine dritte Person in einer Notsituation verteidigen musst.

Welche Formen von aggressivem Verhalten werden in der Sozialpsychologie unterscheiden?

Man unterscheidet zwischen:

- **körperlicher Aggression** (z.B. jemanden schlagen) und **verbaler Aggression** (z.B. jemanden beschimpfen)

- **offener Aggression** (z.B. jemanden direkt angreifen) und **verdeckter Aggression** (z.B. hinter dem Rücken von jemandem lästern)

- **Aggression zwischen Individuen** (z.B. eine einfache Schlägerei) und **Aggression zwischen Gruppen** (z.B. eine Massenschlägerei zwischen verfeindeten Fußballfans)

- **feindseliger Aggression** (resultiert in der Regel aus negativer Emotion, wie Wut oder Ärger und hat nur das Ziel einen anderen zu schädigen) und **instrumenteller Aggression** (Aggression dient als Mittel zum Zweck)

Was sind die Gründe für aggressives Verhalten?

Die Sozialpsychologie hat im Laufe der Zeit verschiedene Erklärungsmodelle für aggressives Verhalten entwickelt. Die **Frustrations-Aggressions-Hypothese** ist eine bekannte Erklärungshypothese für aggressives Verhalten. Frustration entsteht demnach, wenn ein Mensch daran gehindert wird, sein angestrebtes Ziel zu erreichen oder von einem bestimmten Ereignis die erwartete Befriedigung ausbleibt. Diese Frustration kann in der Folge dann zu aggressiven Verhaltensweisen gegenüber anderen Personen führen. Die Frustrationstoleranz ist dabei interindividuell verschieden. Was die eine Person in Rage bringt, kann eine andere Person vollkommen kalt lassen. Auch ist die Frustrationstoleranz stark von der Situation abhängig. Interessant ist auch, dass die Ausübung von Aggression von befürchteten Sanktionsmöglichkeiten des Ziels der Aggression abhängt. Du würdest sicherlich keine dir physisch weit überlegene Person körperlich angreifen, da du befürchten müsstest, in einer direkten Auseinandersetzung den Kürzeren zu ziehen. So kommt es in der Praxis häufig zur sogenannten **Aggressionsverschiebung**. Bei der Aggressionsverschiebung bekommt eine dritte Person die Aggression zu spüren, da die ursprüngliche Quelle der Frustration nicht angreifbar ist.

Die **kognitiv-neoassoziationsistische Perspektive** geht einen Schritt weiter als die Frustrations-Aggressions-Hypothese. Nach der kognitiv-neoassoziationsistischen Perspektive ist für aggressives Verhalten ein Ereignis verantwortlich, dass einen negativen Affekt auslöst. Dieser unspezifische negative Affekt aktiviert eine Reihe von Kognitionen, Gefühlen und Erinnerungen, die entweder mit aggressivem Verhalten oder Fluchtverhalten in Verbindung stehen. Diese Gedanken, Gefühle und Erinnerungen werden im Anschluss dann systematisch verarbeitet und führen entweder zu Wut, Ärger und Gereiztheit (Aggression) oder zu Furcht.

Häufig sind aggressive Verhaltensweisen aber auch einfach erlernt. Zwei bestimmte Lernprinzipien sind in der Sozialpsychologie für den Erwerb aggressiven Verhaltens von großer Bedeutung: Die operante Konditionierung und das Modelllernen. Bei der **operanten Konditionierung** wird aggressives Verhalten durch direkte Verstärkung erlernt. Das heißt, das Auftreten von aggressiven Verhaltensweisen wird durch positive Verhaltenskonsequenzen verstärkt. Nimm an du schüchterst deine kleine Schwester so ein, dass sie dir immer ihre Schokolade gibt. Das aggressive Verhalten (einschüchtern) führt zu einer positiven Verhaltenskonsequenz (Erhalt von Schokolade), wodurch die Auftretenswahrscheinlichkeit eines ähnlichen Verhaltens in Zukunft steigt.

Das **Modelllernen** ist ein anderer Prozess, über den aggressives Verhalten erlernt wird. Beim Lernen am Modell wird durch die Beobachtung von aggressivem Verhalten anderer Personen, die für selbiges Verhalten in irgendeiner Weise belohnt werden, das gleiche aggressive Verhaltensmuster erlernt. Wenn du also beobachtest, wie dein Vater durch wildes Anschreien deiner Mutter seinen Willen durchsetzt, so besteht die Gefahr, dass du dieses Verhalten übernimmst, da es erfolgreich ist. In Zukunft versuchst du dann deinen Willen auf ähnlich aggressive Art durchzusetzen. Beide

Theorien zum Erlernen von aggressiven Verhaltensweisen konnten in zahlreichen Untersuchungen bestätigt werden.

Gibt es geschlechtsspezifische Unterschiede im Hinblick auf aggressives Verhalten?

Es gibt durchaus Unterschiede, sowohl in der Häufigkeit als auch in der Art und Weise. Männer, das zeigen die Kriminalstatistiken, sind deutlich überrepräsentiert bei Gewaltverbrechen. Männer neigen eher zu offener und physischer Gewalt. Frauen hingegen tendieren mehr zu versteckten Aggressionen. So kommt es bei Frauen häufiger vor, dass sie gezielt Gerücht verbreiten, die einer anderen Person schaden sollen. Insgesamt ergab eine Metaanalyse von *Bettencourt und Miller*, dass Männer allgemein aggressiver reagieren als Frauen. Kommen allerdings Provokationen mit ins Spiel, reagieren Frauen ähnlich aggressiv wie Männer. Männer fühlen sich allerdings wiederum schneller provoziert als das Frauen tun.

Hat gewaltverherrlichender Medienkonsum Auswirkungen auf aggressives Verhalten?

Die Forschung liefert hierzu ein recht eindeutiges Bild: Das Auftreten von aggressiven Verhaltensweisen, wird durch den Konsum von Gewaltdarstellungen in den Medien erhöht. Und das sowohl kurz- als auch langfristig. Moderiert wird dieser Zusammenhang allerdings durch die Persönlichkeit des Einzelnen und die jeweilige Situation. Von Natur aus aggressive Menschen, werden durch den Konsum von Gewalt in den Medien, stärker in ihrer eigenen Aggressivität beeinflusst. Bei Jungen wirkt der Konsum sich stärker auf ihr Aggressionsverhalten aus als bei Mädchen.

Wie lässt sich interpersonales, aggressives Verhalten am besten verhindern oder reduzieren?
Da Frustration häufig durch einen Interaktionspartner entsteht, sind **Entschuldigen** eine einfache und effektive Methode Aggressionen zu verhindern. Dass eine Entschuldigung auch wirklich wirkt, hängt von zwei Faktoren ab. Erstens: Je schlimmer das frustrationsauslösende Ereignis ist, desto stärker bzw. umfangreicher muss die Entschuldigung auch ausfallen, um eine Wirkung zu erzielen. Beschädigst du beispielsweise das teure Auto eines anderen, ist es mit einem einfachen "Ups, Entschuldigung" nicht getan. Zweitens: Die Entschuldigung muss ernst gemeint sein und glaubwürdig vorgetragen werden.

Die wohl häufigste soziale Maßnahme, um aggressives Verhalten zu reduzieren oder zu verhindern, sind **Bestrafungen** bzw. Androhungen selbiger. Sozialpsychologen sind sich einig darüber, dass Bestrafungen nur dann effektiv sind, wenn folgende Bedingungen erfüllt sind:

- Die Strafe muss hinreichend unangenehm sein.

- Die Strafe muss mit einer hohen Wahrscheinlichkeit auf aggressive Verhalten folgen.

- Die Strafe muss für den Bestraften in einem nachvollziehbaren Zusammenhang zu seinem Fehlverhalten stehen.

- Der Bestrafte muss erkennen, dass er anders hätte handeln können, was keine Bestrafung nach sich gezogen hätte.

- Die Strafe muss, gerade bei Kindern, richtig dosiert sein.

Antiaggressionstrainings können sich als hilfreich erweisen zukünftiges aggressives Verhalten zu verhindern. Durch Rollenspiele und diverse Übungen sollen die Teilnehmer folgende Kompetenzen zur **Ärgerbewältigung** lernen:

- Das Erkennen des Auslösers von Ärger (Was hat dich in der Situation wütend gemacht?).

- Das Einüben eines beruhigenden Selbstgesprächs ("Bleib ruhig, nimm es locker!").

- Das Erlernen von alternativen Verhaltensweisen (z.B. eine Entspannungstechnik).

- Der Erwerb von Kompetenzen Unzufriedenheit und Ärger richtig zu kommunizieren und Kompromissbereitschaft zu signalisieren ("Folgendes hat mich in der Situation gestört. Was können wir tun, dass das in Zukunft nicht mehr geschieht").

Voraussetzung für den Erfolg eines Ärgerbewältigungstrainings ist die Einsicht des Teilnehmers, dass sein aggressives Verhalten der falsche Weg ist und die Motivation, sein Verhalten in Zukunft ändern zu wollen. Andernfalls haben solche Trainings wenig Erfolgschancen.

5. Intragruppale Prozesse

Intragruppale Prozesse beschreiben in der Sozialpsychologie Prozesse, die sich innerhalb einer Gruppe von Menschen abspielen. Gruppen sind seit jeher wichtig für den einzelnen Menschen. Der Mensch arbeitet in Gruppen zusammen, um Ziele zu erreichen, die er alleine nicht erreichen könnte. Gruppen helfen ihm sich zu orientieren, hinsichtlich der Angemessenheit seiner Gedanken, Gefühle und Einstellungen. Gruppen geben einem Orientierungspunkte für Normen und Werte. Darüber hinaus liefern Gruppen dem Individuum einen Teil seiner Identität. Kurzum: Das Zusammenleben und Zusammenarbeiten in Gruppen ist für den Einzelnen von großer Bedeutung im täglichen sozialen Leben. Der folgende Abschnitt gibt einen kurzen Überblick darüber, was Gruppen sind, wie sie sich bilden und wie man sich in Gruppen sozialisiert.

5.1 Die soziale Gruppe

Was genau ist eigentlich eine soziale Gruppe? Eine **soziale Gruppe** sind mehrere Individuen, die sich als Mitglieder der selben sozialen Kategorie wahrnehmen und gleichzeitig eine emotionale Bindung im Hinblick auf ihrer gemeinsamen Selbstdefinition teilen. Bei der Verwendung dieses Gruppenbegriffs spielt es keine Rolle wie groß die Gruppe letzten Endes ist. Sowohl Kleingruppen, wie eine Arbeitsgruppe, in denen eine direkte Kommunikation zwischen allen Mitgliedern von Angesicht zu Angesicht möglich ist, als auch große **soziale Kategorien** (wie z.b. Deutsche, Steuerberater, Studenten usw.), bei denen keine direkte Interaktion besteht, zählen zum Begriff der sozialen Gruppe. Von **Entitativität** spricht man in der Sozialpsychologie, wenn eine Ansammlung von Personen auch von einem außenstehenden Beobachter als kohärente soziale Einheit wahrgenommen wird. Gruppen mit sehr engen Interaktionen wie Familien oder Teams weisen damit eine hohe Entitativität auf. Die **Gruppenkohäsion** bezeichnet in diesem Zusammenhang den inneren Zusammenhalt einer Gruppe - das sogenannte "Wir-Gefühl". Augenscheinlich wird dieser Zusammenhalt durch die hohe Intensität und emotionale Bindung der Gruppenmitglieder untereinander. Die **soziale Identifikation** beschreibt die psychologische Beziehung zwischen dem Individuum und seiner Gruppe. Je höher der Stellenwert der Gruppenmitgliedschaft für das Individuum ist und je mehr Emotionen das Individuum in die Gruppe investiert, desto größer ist die soziale Identifikation mit der Gruppe.

Welche Gründe gibt es für die Gruppenbildung?

Dafür gibt es je nach Perspektive unterschiedliche Erklärungen:

- **Evolutionspsychologischer Ansatz**: Das Zusammenleben in Gruppen hat dem Menschen größere Überlebenschancen gewährleistet. Dadurch hat der Mensch ein angeborenes Bedürfnis nach Gruppenzugehörigkeit entwickelt (Stichwort: natürliche Selektion). Für diesen Ansatz spricht, dass Menschen der unterschiedlichsten Kulturen und Gesellschaften seit jeher Gruppen bilden. Die Gruppenbildung hat nach dem evolutionspsychologischen Ansatz einen adaptiven Wert.

- **Austausch- und Interdependenztheoretischer Ansatz**: Dieser Ansatz betont die Abhängigkeit der Menschen voneinander. Die Bildung von Gruppen erleichtert es dem Men-

schen Ressourcen auszutauschen und die Erreichung von Zielen gemeinsam anzugehen. Die
Gruppenbildung dient also der individuellen
Bedürfnisbefriedigung. Der Austausch- und In-
terdependenztheoretische Ansatz ist damit ein
instrumenteller.

- **Sozialer Identitätsansatz**: Der Mensch strebt
  danach ein positives Selbstbild von sich zu erhalten. Einen nicht unerheblichen Teil dieses
  Selbstbildes kommt durch die Mitgliedschaft
  an einer sozialen Gruppe und die Bewertung
  dieser Mitgliedschaft. Das Selbstbild ergibt
  sich dabei aus dem Vergleich der eigenen
  Gruppe zu anderen sozialen Gruppe. Der Vergleich kann dementsprechend positiv oder auch
  negativ ausfallen. Bei dem sozialen Identitätsansatz handelt es sich damit um einen kognitiven Ansatz.

Selbstverständlich sind diese drei Ansätze nicht als sich
gegenseitig ausschließende Ansätze zu betrachten, sondern eher als sich ergänzende. Sie sollen lediglich verschiedene Perspektiven aufzeigen, aus welchen die
Sozialpsychologie auf die Gruppenbildung guckt.

Wie genau funktioniert eine Gruppe?

Ein wichtiger Faktor für das Funktionieren von Gruppen ist das **Einhalten von Normen**. Soziale Normen lassen sich folgendermaßen beschreiben: Soziale Normen sind von allen Gruppenmitgliedern geteilte Erwartungen. Sie bestimmen, wie man sich in bestimmten sozialen Situationen am besten verhalten sollte und wie nicht. Außerdem geben sie vor, welche Meinungen, Einstellungen und Gefühle sozial angemessen bzw. unangemessen sind. Wer sich den Normen entsprechend verhält wird sozial belohnt, wer gegen selbige verstößt, sozial bestraft. Normen sind dabei nicht allgemeingültig, sondern sozial bedingt und variieren von Gruppe zu Gruppe. Hierzu ein Beispiel aus dem Fußball: Stell dir vor du bist Mitglied in einem Fanclub deines Lieblingsvereins. In diesem Fanclub herrschen ganz bestimmte Normen. Du musst das eigene Team bedingungslos unterstützen, stehst anderen Teams ablehnend gegenüber usw. Im Stadion hast du dich an bestimmte Regeln, Bräuche und Rituale zu halten. Von dir wird bei bestimmten Ereignissen ein bestimmtes Verhalten erwartet. Anfeuerung des eigenen Teams, Auspfeifen des gegnerischen Teams oder das Mitsingen bestimmter Fangesänge. Folgst du diesem Verhalten nicht, wirst du mindestens mit kritischen Blicken gestraft; im schlimmsten Fall wirst du des Fanclubs verwiesen. Befolgst du die Normen, bleibst du Teil der Gruppe, welche dir zu einem positiven Selbstbild verhelfen kann.

Welche Funktionen erfüllen Normen in sozialen Gruppen?

- **Gruppenlokomotion**: Die Normen stellen bei der Gruppenlokomotion sicher, dass die Gruppenmitglieder die gleichen Ziele haben, welche sie erreichen wollen.

- **Aufrechterhaltung der Gruppe**: Normen helfen dabei, die Verhaltenserwartungen zwischen den Gruppenmitgliedern zu stabilisieren, was zu befriedigenden Interaktionen zwischen den einzelnen Mitgliedern führen kann.

- **Interpretation der sozialen Wirklichkeit**: Normen geben einen Rahmen, wie Ereignisse und Verhaltensweisen zu bewerten sind.

- **Definition der Beziehung zur sozialen Umwelt**: Normen definieren die Identität der Gruppe. Dies dient der Abgrenzung und Unterscheidung anderer Gruppen.

Wenn die Sozialpsychologie das Verhalten von Individuen analysiert macht es außerdem Sinn, zwei unterschiedliche Arten von Normen zu unterscheiden. Erstens: Die **injunktive Norm**. Sie sagt aus, welches Verhalten von anderen gebilligt wird und welches nicht. Zweitens: Die **deskriptive Norm**. Sie sagt aus, welches Verhalten als sinnvoll oder angemessen angesehen wird. Frei nach dem Motto: "Wenn alle das machen, kann ich das auch machen."

Von sozialen Normen sind des Weiteren **soziale Rollen** abzugrenzen. Soziale Rollen definieren die in einer Gruppe geteilten Erwartungen, wie sich eine bestimmte Person in einer bestimmten Rolle innerhalb der Gruppe zu verhalten hat. Eine soziale Rolle kann beispielsweise eine Berufsrolle (z.B. Chef) oder eine Familienrolle (z.B. Mutter) sein.

Wie läuft ein typischer Gruppensozialisationsprozess ab?

Die Psychologen *Richard Moreland und John Levine* haben dazu ein Modell entwickelt, das sich auf Gruppen bezieht, welche direkt miteinander kommunizieren, über einen längeren Zeitraum bestehen und wo die einzelnen Mitglieder voneinander abhängig sind. Ein typisches Beispiel für so eine Gruppe wäre eine Sportmannschaft oder Projektgruppe. Das Modell unterteilt die **Gruppensozialisation** in fünf Phasen:

Erste Phase - Erkundung: In der Erkundungsphase sucht eine bestehende Gruppe nach Mitgliedern und einzelne Individuen nach einer Gruppe. Ziel beider Suchen ist es jemanden zur Bedürfnisbefriedigung zu finden. Im Falle eines Sportvereins sucht das Individuum eine Umgebung, in der sie Sport treiben kann, und der Verein sucht Verstärkung für eine seiner Mannschaften. Denken beide Parteien, dass der andere seine Bedürfnisse befriedigen kann, kommt es zum Eintritt des Individuums in die Gruppe. Häufig hat der Eintritt einen formalen Charakter, der als eine Art Ritus oder Zeremonie verstanden werden kann (z.B. die Aushändigung des Mitgliedsausweises). Mit dem Eintritt in die Gruppe endet die Erkundungsphase.

Zweite Phase - Sozialisation: In der Sozialisationsphase versuchen beide Parteien so aufeinander einzuwirken, dass die Beziehung für beide Seiten gewinnbringend ist. Die Gruppe wirkt so auf das neue Mitglied ein, dass es zum Erreichen der Gruppenziele beiträgt (z.B. der Gewinn des nächsten Spiels). Dabei werden dem Neumitglied die gängigen Normen und Regeln beigebracht und ihnen eine soziale

Rolle in der Gruppe zugewiesen. Das Individuum versucht seinerseits so auf die Gruppe einzuwirken, dass seine eigenen Bedürfnisse von der Gruppe erfüllt werden. Läuft dieses Zusammenspiel für beide Parteien zufriedenstellend, wird das Neumitglied zum Vollmitglied der Gruppe.

Dritte Phase - Aufrechterhaltung: In der Phase der Aufrechterhaltung steht die Gruppenzugehörigkeit im Vordergrund. Beide Parteien verhandeln über Veränderungen der Rolle des Individuums (z.B. möchte das Individuum eine verantwortungsvollere Position in der Mannschaft). Diese neue Rolle soll weiterhin den Zielen der Gruppe und der individuellen Bedürfnisbefriedigung dienen. Das Commitment zur Gruppe wird umso höher, je gewinnbringender dieser Aushandlungsprozess für beide Seiten verläuft.

Vierte Phase - Resozialisierung: Wenn das Mitglied es nicht schafft die Erwartungen der Gruppe zu erfüllen, kann die Festlegung der Gruppe auf das Mitglied nachlassen. Wenn die Gruppe es auf der anderen Seite nicht schafft die Bedürfnisse des Mitglieds zu befriedigen, kann das Interesse des Mitglieds an der Gruppe ebenfalls nachlassen. Beides kann dazu führen, dass das Mitglied seine Rolle in der Gruppe verliert. Es wird zum randständigen Mitglied degradiert. In der Folge starten dann Resozialisierungsversuche der Gruppe bzw. des Individuums. Wenn der gewünschte Erfolg ausbleibt, kann es dazu kommen, dass das Mitglied die Gruppe verlässt bzw. verlassen muss. Der Ausschluss einer für das Individuum wichtigen Gruppe kann ernsthafte psychische Folgen auf das Individuum haben, wenn die Gruppenzugehörigkeit einen sehr hohen Stellenwert für das Selbstbild des Individuums hat.

Fünfte Phase - Erinnerung: In der Erinnerungsphase bewerten sowohl das ehemalige Mitglied als auch die Gruppe rückblickend ihre Beziehung. Beide Parteien halten in irgendeiner Form an der Beziehung fest, sofern die Beziehung als insgesamt positiv oder gewinnbringend angesehen wurde.

5.2 Sozialer Einfluss

Wenn die Meinungen, Einstellungen und Verhaltensweisen anderer Personen deine eigenen Meinungen, Einstellungen und Verhaltensweisen beeinflussen und verändern, spricht man in der Sozialpsychologie von sozialem Einfluss. Die drei häufigsten auftretenden Formen von sozialem Einfluss werden im Folgenden vorgestellt: Majoritätseinfluss, Gehorsam und Minorittäseinfluss.

Majoritätseinfluss

Majorität bedeutet nichts anderes als Mehrheit. Die Veränderung von individuellen Einstellungen, Verhaltensweisen usw. durch die soziale Beeinflussung der Mehrheit nennt sich Konformität. Deine Eigenen Positionen werden denen der Majorität angepasst. Warum hat eine zahlenmäßige Mehrheit einen Einfluss auf die Einstellungen, Werte, Verhaltensweisen etc. eines Individuums? Die Sozialpsychologie hat dazu zwei unterschiedliche Einflussprozesse identifiziert.

Der informationale Einfluss

Beim informationalen Einfluss akzeptiert das Individuum die von der Majorität vertretenden Einstellungen, Werte etc. als korrekte Interpretation der Realität. Gerade wenn du selbst sehr unsicher bist, wie eine (soziale) Situation zu bewerten ist, orientierst du dich in der Folge an den Urteilen oder Verhaltensweisen der Majorität.

Muzafer Sherif führte zum informationalen Einfluss ein interessantes Experiment durch. Er ließ seine Versuchspersonen in einem dunklen Raum einen fixen

Lichtpunkt beobachten. Durch den sogenannten autokinetischen Effekt kommt der Versuchsperson es so vor, als ob sich der Lichtpunkt bewegen würde, obwohl er die ganze Zeit über an ein und derselben Stelle fixiert blieb. Die Versuchspersonen sollten in einer Reihe von Durchgängen angeben, wie weit sich der Lichtpunkt ihrer Meinung nach bewegt hatte. Durchliefen die Versuchspersonen die Durchgänge alleine, pendelten die Werte um einen persönlichen Schätzwert. Zwischen den einzelnen Versuchspersonen unterschied sich der Schätzwert sichtbar. Wurden die Versuchspersonen allerdings in der Gruppe befragt, pendelte sich nach wenigen Durchgängen eine Gruppennorm ein und die persönliche Einschätzung wurde aufgegeben. Selbst wenn die Versuchspersonen im Anschluss wieder alleine befragt wurden, orientierten sie sich weiter an der Gruppennorm. Sie haben die Schätzung der Gruppe als angemessene Interpretation der Realität übernommen.

Der normative Einfluss
Beim normativen Einfluss ist es das Bestreben des Individuums normabweichendes Verhalten zu vermeiden. Dies geschieht aus dem Antrieb heraus die Erwartungen der Gruppe / Majorität erfüllen zu wollen oder etwaige negative Sanktionen zu vermeiden. *Salomon Asch* legte in seinen Konformitätsexperimenten den normativen Einfluss eindrucksvoll dar. Die

Versuchspersonen sollten in zahlreichen Durchgängen drei unterschiedlich lange Linien mit einer Referenzlinie vergleichen und angeben, welche der drei Linien die gleiche Länge wie die Referenzlinie habe. Eine denkbar einfache Aufgabe, die 95 % der Versuchspersonen ohne jeden Fehler lösen konnten. In der Experimentalgruppe wurden die einzelnen Versuchspersonen einer Gruppe zugeteilt, in der jede Person ihr Urteil nacheinander abgab. Die Versuchsperson gab ihr Urteil als letztes ab. Bei den anderen Personen handelte es sich um Komplizen der Versuchsleitung, die einstimmig und öffentlich falsche Urteile abgaben. Das hatte zur Folge, dass 37 % der abgegebenen Urteile der Versuchspersonen falsch waren. Lediglich 24 % der Versuchspersonen ließen sich überhaupt nicht von den Urteilen der anderen Personen beeindrucken und beantworteten alle Aufgaben richtig.

Normenkonformes Verhalten, ohne diese Norm privat zu akzeptieren, nennt man in der Sozialpsychologie **Compliance**.

Es gibt eine Reihe verschiedener situativer Bedingungen, die normativen Einfluss begünstigen. Die wichtigsten sind:

- **Größe der Majorität**: Die Größe der Majorität ist nicht so entscheidend. Wichtig ist nur, dass

die erkennbare Mehrheit eine andere Meinung
vertritt, damit normativer Einfluss auf den Einzelnen ausgeübt werden kann.

- **Einstimmigkeit der Majorität**: Die Einstimmigkeit der Mehrheit spielt eine wichtige Rolle
  beim normativen Einfluss. Asch konnte in weiteren Versuchsanordnungen feststellen, dass
  Abweichler von der Mehrheit den Einfluss selbiger verringern können.

- **Unabhängigkeit der Quellen**: Mehrere unab-
  hängige Informationsquellen werden als überzeugender angesehen als ein einzelnes Grup-
  penurteil und üben damit einen höheren normativen Druck auf das Individuum aus. Ein Beispiel: Wenn dir drei Nachrichtensprecher eines
  Senders eine zweifelhafte Nachricht präsentieren übt das einen geringeren normativen Einfluss auf dich aus, als wenn drei Nachrichtensprecher von drei verschiedenen Sendern dir
  diese Nachricht präsentieren.

- **Interdependenz**: Je abhängiger die einzelnen
  Gruppenmitglieder voneinander sind, desto höher ist der normative Einfluss, den sie aufeinander ausüben.

Gehorsam

Während es sich beim Majoritätseinfluss um Einfluss von Mitgliedern einer Gruppe mit demselben Status handelt, ist der Gehorsam Einfluss einer **Autorität**. Autoritäten sind Menschen mit einem höheren Status, den entweder eine höhere Expertise auf einem Gebiet eingeräumt wird oder die Möglichkeiten der Sanktionierung haben. Der Gehorsam lässt sich damit ebenso wie der Majoritätseinfluss in normativen und informationalen Einfluss unterteilen. Beim informationalen Einfluss wird der Autorität besondere Kompetenz zugeschrieben, die sie berechtigen Gehorsam einzufordern. Beim normativen Einfluss hat die Autorität die Möglichkeit das Individuum zu sanktionieren, sofern es nicht gehorsam leistet.

Die wohl bekanntesten Experimente zum Gehorsam gegenüber Autoritäten führte *Stanley Milgram* durch. In den **Milgram-Experimenten** wurden die Versuchspersonen in die Rolle des Lehrers versetzt, der ihrem Schüler bei falscher Beantwortung einer Frage Elektroschocks applizieren sollte. Ihnen wurde vorgegaukelt, dass die Auswirkungen von Bestrafungen auf das Lernen untersucht werden soll. Bei dem Schüler handelte es sich um einen Komplizen des Versuchsleiters und die Elektroschocks waren nicht real. Die Versuchspersonen wurden aber in dem Glauben gelassen und kriegten selbst einen recht schmerzhaften Elektroschock von

45 Volt appliziert, um ihnen ein Gefühl für die angebliche Situation des Schülers zu vermitteln. Die Elektroschocks fingen bei 15 Volt an und steigerten sich mit jeder falschen Antwort des Schülers um weitere 15 Volt bis hin zu 450 Volt. Ab 75 Volt schrie der Schüler vor Schmerzen, ab 150 Volt bat er die Versuchsperson das Experiment abzubrechen. Der Versuchsleiter wies die Versuchsperson allerdings an weiterzumachen. Über 60 % der Versuchspersonen waren so bereit selbst die höchste Dosierung von 450 Volt zu applizieren. Die Versuchspersonen leisteten dem Versuchsleiter Gehorsam. Die Experimente von Milgram erbrachten eine Menge wichtiger Erkenntnisse in Bezug auf Gehorsam gegenüber Autoritäten. Gleichzeitig lösten die Experimente aber auch ethische Kontroversen aus, was psychologische Forschung darf und was nicht. Die Versuchspersonen litten nach dem Experiment sichtlich unter Schuldgefühlen. In der heutigen Zeit wären derartige Experimente aufgrund strenger ethischer Richtlinien undenkbar.

Minoritätseinfluss

Neben der Majorität und dem Gehorsam gegenüber Autoritäten, gibt es aber auch die Möglichkeit, dass die Minorität sozialen Einfluss auf die Ansichten, Werte oder Verhaltensweisen nimmt. Laut dem Sozialpsychologen Serge Moscovici ist der Minoritätseinfluss der entscheidende Faktor, wenn es um Innovation oder sozialen Wandel geht. Die Majorität steht hingegen für Traditionalismus und Stabilität. Eine wichtige Voraussetzung dafür, dass der Minorität der soziale Einfluss gelingt, ist, dass sie einstimmig und konsistent ihre normabweichende Meinung vertritt. Ganz entscheidend hierbei ist, dass die Meinung der Minorität beharrlich und unbeirrt vom Druck der Mehrheit vertritt. Dieses konsistente Auftreten erweckt bei der Majorität den Eindruck von Glaubwürdigkeit. Dabei ist aber zugleich wichtig, dass die Minorität sich nicht renitent verhält, sondern flexibel versucht, die Majorität von der eigenen Sichtweise zu überzeugen. So kann eine wahrhaft internalisierte Einstellungsänderung bei der Mehrheit erreicht werden.

Muscovici und Kollegen führten zum Einfluss von Minoritäten ein Experiment durch, dass im Grundsatz an das von Asch zum Majoritätseinfluss erinnert. Vier tatsächliche Versuchspersonen und zwei vermeintliche Versuchspersonen bildeten in dem Experiment eine Gruppe. Der Gruppe wurden ausschließlich blaue Dias vorgelegt in unterschiedlichen Helligkeiten. Wenn die beiden vom Versuchsleiter eingeschleusten Personen felsenfest behaupteten, dass die Dias grün waren, konnten sie einen kleinen Teil der wirklichen Versuchspersonen davon auch überzeugen. Wenn sie nicht konsistent verhielten und nur manchmal behaupteten, dass die Dias grün seien, war kein Einfluss auf die Versuchspersonen (Majorität) nachzuweisen.

5.3 Arbeiten in Gruppen

Das Arbeiten in Gruppen ist in vielen Lebensbereichen essentiell. Der folgende Abschnitt befasst sich mit den Effekten der Anwesenheit anderer Personen auf die Leistung des Einzelnen, auf Entscheidungsprozessen in Gruppen und auf die Gruppenleistung im Allgemeinen.

Effekte der bloßen Anwesenheit anderer Personen

Die reine Anwesenheit anderer Personen kann durchaus Einfluss auf die Leistung eines Individuums haben. Dies hängt in erheblichen Maße von der Schwierigkeit der jeweiligen Aufgabe ab. Wenn du eine leichte Aufgabe oder aber eine hoch überlernte Aufgabe bearbeitest, führt die Anwesenheit anderer in der Regel zu einer Leistungssteigerung. Die Sozialpsychologie nennt diesen Prozess **soziale Erleichterung**. Bei schweren oder unzureichend gelernten Aufgaben hingegen, wirkt sich die bloße Anwesenheit anderer negativ auf die Leistung aus. Hierbei spricht man in der Sozialpsychologie von **sozialer Hemmung**. Eine Erklärung für das Phänomen der sozialen Erleichterung bzw. Hemmung ist, dass die Anwesenheit weiterer Personen zu einem gesteigerten körperlichen Erregungszustand des Individuums führt. Die gesteigerte Erregung führt in der Folge dazu, dass dominante Reaktionen wesentlich wahrscheinlicher ausgeführt werden. Dominante Reaktionen sind in diesem Zusammenhang Verhaltensweisen, die durch häufige Wiederholung routiniert / problemlos ausgeführt werden können. Ist die Aufgabe allerdings komplex, neu oder unzureichend erlernt, führt die dominante Reaktion oftmals nicht zum Erfolg und ist leistungsmindernd. Nimm an du trainierst tagtäglich das Tennisspielen. Wenn du dann in Anwesenheit einer Gruppe Tennisspielen sollst, stellt dies kein Problem dar. Im Gegenteil: Die hervorgerufene Erregung durch die Anwesenheit anderer, hilft dir dabei eine gute Leistung zu zeigen. Trainierst du allerdings täglich das Tennisspielen und musst nun in der Anwesenheit anderer zum ersten Mal überhaupt Fußballspielen, wirkt sich dies leistungsmindernd auf deine Performance aus. Aber wieso kommt es zu einer gesteigerten körperlichen Erregung bei der Anwesenheit anderer Personen? Drei Faktoren spielen dabei eine übergeordnete Rolle:

- **Biologische Faktoren**: Die Biologie zeigt, dass Menschen in der Anwesenheit anderer eine automatische angeborene Zunahme von Erregung aufweisen.

- **Ablenkung**: Die Anwesenheit anderer führt zu Ablenkung, was wiederum zu einem Aufmerksamkeitskonflikt führt. Durch diesen Aufmerksamkeitskonflikt nimmt auch die körperliche Erregung weiter zu.

- **Bewertungsangst**: Die Befürchtung von anderen Menschen in Bezug auf seine eigene Leistung bewertet zu werden, führt ebenfalls automatisch zu einer Erregungssteigerung.

Entscheidungen in Gruppen

Ein wesentliches Merkmal von Arbeiten in Gruppen ist das gemeinsame Treffen von Entscheidungen. Entscheidungen werden dabei meist nach Gruppendiskussionen getroffen. Ein interessanter Effekt, der in Gruppendiskussionen zu Entscheidungen zum Tragen kommt, ist die **Gruppenpolarisation**. Die Gruppenpolarisation besagt, dass im Anschluss an eine Gruppendiskussion, die Gruppenmitglieder eine extremere Position vertreten als sie das vor der Diskussion getan haben. Des Weiteren besteht die Tendenz sich der Mehrheitsmeinung der Gruppe anzuschließen. Die numerische Mehrheit hat einige Vorteile bei der Entscheidungsbildung einer Gruppe:

- Majoritätsargumente sind zahlreicher. Wenn viele Mitglieder einer Gruppe eine ganz bestimmte Position vertreten, findet die Mehrheit meist auch zahlenmäßig mehr Argumente. Die reine Anzahl der Argumente für eine Position kann dazu führen, dass einzelne Mitglieder diese Position übernehmen.

- Majoritätsargumente werden häufiger diskutiert. Es erscheint logisch, dass über Argumente, die die Mehrheit vertritt auch häufiger diskutiert werden, da die Gruppe schlicht mehr Informationen für diese Argumente vorbringen kann. Das führt im Umkehrschluss auch dazu, dass Minoritätsargumenten systematisch weniger Aufmerksamkeit geschenkt wird.

- Majoritätsargumente werden von mehr unabhängigen Quellen vertreten. Wenn mehrere Personen ein und dasselbe Argument vertreten, wirkt das insgesamt überzeugender, als wenn eine Einzelperson dieselben Argumente mehrmals wiederholt. Das gilt allerdings nur, wenn die Personen der Majorität als wirklich unabhängig wahrgenommen werden.

- Majoritätsargumente werden überzeugender präsentiert. Aus einer Mehrheit heraus lässt es sich leichter argumentieren. Man weiß als Angehöriger der Mehrheit, dass die meisten anderen Mitglieder der Gruppe eine ähnliche Sichtweise vertreten, was sich positiv auf die Überzeugungskraft und Argumentationsstil auswirken kann. Abweichler wirken in ihrem Argumentationsstil hingegen oftmals unsicherer, da ihnen ihre Außenseiterrolle unangenehm erscheinen kann.

Dass die Majorität bei der Entscheidungsfindung derartig im Vorteil ist, birgt gewisse Risiken schlechte Entscheidungen zu treffen. Ein Problem, das in der Gruppendiskussion entstehen kann, ist das **Gruppendenken**. Beim Gruppendenken steht der Wille eine konsensual geteilte Entscheidung zu treffen derartig im Vordergrund, dass wichtige Gegenargumente und Fakten schlicht ignoriert werden könnten. Das Gruppendenken wird durch mehrere Bedingungen gefördert. So fördern z.B. eine hohe Gruppenkohäsion, die Abschottung von alternativen Informationsquellen oder hoher Stress das Gruppendenken. Eine aus Gruppendenken heraus getroffene Entscheidung hat in der Regel nur wenig wert, da sie nicht die wirklichen Standpunkte der einzelnen Mitglieder reflektiert. Um Gruppendenken zu vermeiden, kommt es auf eine gut strukturierte Diskussion an, in der alle relevanten Informationen gehört werden können. Es ist zudem hilfreich, wenn die abschließende Abstimmung über eine Entscheidung geheim stattfindet.

Gruppenleistung

Im Allgemeinen verspricht man sich von Gruppenarbeit eine Leistungssteigerung. Gemessen wird die Leistungssteigerung inwieweit die Gruppe ihr **Gruppenpotenzial** ausschöpft. Das Gruppenpotenzial beschreibt die Leistung, die alle Gruppenmitglieder unabhängig voneinander in Einzelarbeit erbracht hätten. Das Gruppenpotenzial wird je nach Aufgabentyp anders bestimmt. Bei **additiven Aufgaben** (z.B. Schneeschaufeln) ist es die Summe der Leistungen der einzelnen Mitglieder. Bei **konjunktiven Aufgaben** (z.B. Staffellauf) bestimmt sich das Gruppenpotenzial anhand des schwächsten Mitglieds. Bei konjunktiven Aufgaben müssen alle Gruppenmitglieder eine Mindestleistung erbringen. Wieder anders verhält es sich bei **disjunktiven Aufgaben** (z.B. Problemlösen). Hier wird das Gruppenpotenzial durch beste Leistung eines einzelnen Mitglieds bestimmt. Wenn man jetzt das Gruppenpotenzial mit der tatsächlichen Gruppenleistung vergleicht, weiß man, ob die Gruppenarbeit ein Gewinn oder Verlust für das Ergebnis war.

Welche Gefahren lauern bei der Gruppenarbeit, die leistungshemmend wirken?

Eine Gefahr findet man in der **Koordination der Gruppe**. Eine schlechte Koordination kann in einer

Gruppe zu unklaren Aufgabenverteilung führen. Keiner weiß so richtig, was er zu tun hat. Manches wird doppelt, anderes gar nicht erledigt. Des Weiteren kann es sein, dass Mitgliedern der Gruppe Aufgaben zugeordnet werden, die nicht ihren Stärken entsprechen. Ein letztes Koordinationsproblem kann sich aus mangelhafter Kommunikation ergeben.

Eine weitere leistungshemmende Gefahr, die immer wieder in Gruppen zu beobachten ist, sind Motivationsverluste. Es gibt verschiedene Prozesse, die zu **Motivationsverlusten** beitragen:

- **Soziales Trittbrettfahren**: Wenn ein Gruppenmitglied der Meinung ist, dass die Gruppe stark genug ist, dass das angestrebte Ziel ohne das eigene Dazutun erreicht wird, kann das zu starken Motivationsverlusten des Einzelnen führen. Eine reduzierte Anstrengung und / oder Teilnahmslosigkeit sind die Folge.

- **Soziales Faulenzen**: Wenn der Beitrag des Einzelnen in der Gruppenarbeit nicht klar erkennbar ist, kann das dazu führen, dass sich ein einzelnes Gruppenmitglied weniger anstrengt.

- **Trotteleffekt**: Als Trotteleffekt bezeichnet
  man die reduzierte Anstrengung des Einzelnen
  aus Furcht davor, der Einzige zu sein, der sich
  überhaupt anstrengt. Das Individuum möchte in
  diesem Fall nicht der einzige "Trottel" sein, der
  sich anstrengt. Das Gefühl des Ausge-
  nutztwerdens wirkt äußerst motivationshem-
  mend.

Diesen Motivationsverlusten stehen mögliche **Motiva-
tionsgewinne** durch Gruppenarbeit gegenüber:

- **Soziale Kompensation**: In gut funktionieren-
  den Gruppen, in der die Erreichung der Ziele
  die wichtigste Rolle für die einzelnen Gruppenmitglieder einnimmt, ist zu beobachten,
  dass leistungsstarke Personen sich mehr an-
  strengen als sie dies in Einzelarbeit tun würden.
  Ihr Ziel ist es damit die Leistungen der schwä-
  cheren Mitglieder auszugleichen.

- **Köhler-Effekt**: Der sogenannte Köhler-Effekt
  funktioniert ähnlich, bezieht sich aber auf die
  leistungsschwachen Gruppenmitglieder. Selbige strengen sich in der Gruppenarbeit mehr an
  als sie das in Einzelarbeit tun würden, da sie

nicht für eine mangelhafte Gruppenleistung verantwortlich gemacht werden wollen. Den Köhler-Effekt kann man vor allem beobachten, wenn die Gruppenmitgliedschaft für den Einzelnen sehr wichtig ist.

- **Sozialer Wettbewerb**: Ist in der Gruppe klar zu erkennen, wer für welche Leistung verantwortlich ist, kann ein motivierender Wettbewerb zwischen den Gruppenmitgliedern entfachen. Jeder möchte besser abschneiden als der andere, was höchst motivierend und leistungsfördernd sein kann.

Ein weiterer wichtiger Faktor für die Gruppenleistung ist eine gute **Führung**. Dabei ist der Führungsstil von der jeweiligen Situation abhängig. So ist manchmal ein **aufgabenorientierter** Führungsstil effektiver und manchmal ein eher **beziehungsorientierter** Führungsstil, der für den Zusammenhalt der Gruppe sorgt. Wichtig ist, dass die Führungsperson die Situation richtig einschätzt und eine gute Balance zwischen beiden Führungsstilen findet.

6. Intergruppale Prozesse

Von intergruppalen Prozessen spricht die Sozialpsychologie immer dann, wenn sie das Erleben und Verhalten zwischen Gruppen untersucht. Intergruppenverhalten zeichnet sich dabei durch die relative Gleichheit der Verhaltensweisen, Einstellungen usw. der einzelnen Gruppenmitglieder aus.

6.1 Intergruppenwahrnehmung

Die gegenseitige Wahrnehmung zwischen Gruppen findet im Wesentlichen über **Stereotype** statt. Bei Stereotypen handelt es sich um sozial geteilte Überzeugungen von Einstellungen, Eigenschaften, Verhaltensweisen usw., die die Mitglieder einer Gruppe auszeichnen. Stereotype über die eigene Gruppe bezeichnet man auch als **Autostereotype** und Stereotype über andere Gruppen als **Heterostereotype**.

Der Begriff **Vorurteil** richtet sich auf die Bewertung der Mitglieder einer sozialen Gruppe. Diese Bewertung kann positiver oder negativer Natur sein und richtet sich auf die stereotypischen Eigenschaften, Werte, Verhaltensweisen etc.

Als **soziale Diskriminierung** bezeichnet die Sozialpsychologie die Benachteiligung oder komplette Ablehnung von Individuen aufgrund ihrer Gruppenzugehörigkeit.

In enger Beziehung zur sozialen Diskriminierung steht der Begriff des **Stigma**. Als Stigma bezeichnet man ein negatives Merkmal, durch das der Träger dieses Merkmals, soziale Diskriminierung erlebt. Das können äußere Merkmale sein, wie ein entstelltes Gesicht, aber auch nicht direkt sichtbare Merkmale, wie die sexuelle Ausrichtung. Das Stigma lässt den Betrachter auf eine Reihe weiterer negativer Eigenschaften schließen, was letztlich zu Vorurteilen, Diskriminierung und Ausgrenzung führen kann.

Welche Funktionen haben Stereotype?

Henri Tajfel stellte in seiner Analyse zu Stereotypen eine Reihe sozialer Funktionen von Stereotypen heraus:

- **Positive Differenzierung**: Bei der positiven Differenzierung dienen Stereotype dazu, die eigene Gruppe in positiver Weise von einer anderen Gruppe abzugrenzen. Dazu werden gerne Merkmale benutzt, auf denen die Eigengruppe der Fremdgruppe deutlich überlegen ist. Wenn du dich beispielsweise als Deutscher positiv von Ausländern abgrenzen möchtest, könntest du deine besseren bzw. ihre schlechteren Deutschkenntnisse hervorheben.

- **Kausale Erklärung**: Aus Stereotypen werden kausale Erklärungen für soziale Ereignisse und Phänomene abgeleitet. "Langzeitarbeitslose sind grundsätzlich faul, sonst wären sie ja nicht so lange arbeitslos" wäre ein Beispiel für solch eine Erklärung.

- **Soziale Rechtfertigung**: Über Stereotype wird die Behandlung von Mitgliedern einer anderen Gruppe sozial gerechtfertigt. Beispiel: Das Halten von Sklaven könnte man damit rechtfertigen, dass Sklaven selbst eh nicht zu einem besseren Leben fähig wären, da ihnen die nötige Intelligenz fehle.

Des Weiteren werden Stereotype als sogenannter **legitimierender Mythos** benutzt. Ein legitimierender Mythos dient dazu, die bestehenden Macht- und auch Statusunterschiede zwischen Gruppen zu rechtfertigen.

Was sind die Inhalte von Stereotypen?

Fiske und Kollegen haben zu den Inhalten von Stereotypen ein interessantes Modell entwickelt: Das **Stereotype-Content-Model**. Dem Modell zur Folge hängt die Zuschreibung von Eigenschaften von zwei bestimmten Kennzeichen der Intergruppenbeziehung ab: dem intergruppalen Wettbewerb (konkurriert die Fremdgruppe mit deiner eigenen Gruppe?) und dem Statusverhältnis zwischen beiden Gruppen (ist der Status der Fremdgruppe höher oder niedriger als der der eigenen Gruppe?). Aufgrund dieser beiden Dimensionen ergeben sich folgende Stereotypen:

- **Paternalistische Stereotype**: Ist der Wettbewerb gering und der Status der Fremdgruppe niedrig, spricht man von paternalistischen Stereotypen. Beispielgruppen sind: Rentner, Hausfrauen, Behinderte etc.

- **Verächtliche Stereotype**: Ist der Wettbewerb hoch und der Status der Fremdgruppe niedrig, spricht man verächtlichen Stereotypen. Beispielgruppen sind: Arbeitslose, Sozialhilfeempfänger etc.

- **Bewundernde Stereotype**: Ist der Wettbewerb niedrig und der Status der Fremdgruppe hoch, spricht man von bewundernden Stereotypen. Beispielgruppen sind: Prominente, Sportler etc.

- **Neidvolle Stereotype**: Ist der Wettbewerb hoch und der Status der Fremdgruppe ebenfalls hoch, spricht man von neidvollen Stereotypen. Beispielgruppen: Juden, asiatische Einwanderer etc.

Welche Auswirkungen haben Stereotype, Vorurteile und Stigmatisierung auf die Betroffenen?

Ziel von Stereotypen, Vorurteilen oder Stigmatisierung zu werden, kann schwerwiegende Folgen für die Betroffenen haben. Mitglieder einer sozial benachteiligten Gruppe sind zum Beispiel wesentlich häufiger Opfer von sowohl körperlicher als auch verbaler Gewalt. Es gibt Erkenntnisse, dass Betroffene seltener Zugang zu guten Bildungseinrichtungen haben und trotz vergleichbarer Leistungen weniger Geld verdienen als Personen nicht benachteiligter Gruppen. Des Weiteren werden sie medizinisch schlechter versorgt und leiden teils stark unter den psychologischen Folgen dieser Ungleichbehandlung. Beispielsweise kann das Selbstwertgefühl und das allgemeine psychosoziale Wohlbefinden stark gestört sein. Dies betrifft besonders Leute, die aufgrund ihrer Gruppenzugehörigkeit diskriminiert werden, sich selbst aber gar nicht als Teil dieser Gruppe sehen.

Stereotype, Vorurteile und Stigmatisierungen wirken sich außerdem auch auf die Leistung und die Berufswahl aus. Sozial abgewertete Gruppen fürchten ständig aufgrund ihrer Gruppenzugehörigkeit bewertet zu werden. Dies führt zu einer allgemeinen Nervosität, die sich auch auf die Leistungen in Prüfungssituationen auswirken kann. Die gezeigten Leistungen entsprechen dadurch dann nicht dem eigentlichen Leistungspotenzial. *Eller und Dauenheimer* führten dazu ein interessantes Feldexperiment durch. Sie ließen Mädchen einer sechsten Klasse in zwei Gruppen einen Mathematiktest absolvieren. Die eine Gruppe bekam einen ganz normalen Test, während die Experimentalgruppe den gleichen Test bekam, allerdings mit einer Vorbemerkung. In dieser Vorbemerkung wurde darauf hingewiesen, dass bei dem Test extra Aufgaben ausgewählt wurden, in denen geschlechtsspezifische Unterschiede festgestellt wurden. Diese Mädchen wurden also mit dem Stereotyp konfrontiert, dass Mädchen für gewöhnlich schlechter in Mathematik abschneiden als Jungen. Und in der Tat zeigten die Schülerinnen in der Experimentalgruppe wesentlich schlechtere Ergebnisse als die Kontrollgruppe. Die Vorbemerkungen erzeugten derart negative Emotionen, dass die Schülerinnen der Experimentalgruppe in einer Art selbsterfüllenden Prophezeiung tatsächlich schlechter in diesem Test abschnitten.

6.2 Ursachen von Intergruppen-konflikten

Vorurteile, Stereotype und Stigmatisierung führen oftmals zu Gruppenkonflikten und verschärfen selbige auch noch.

Welche anderen Ursachen für Konflikte zwischen Gruppen existieren laut Sozialpsychologie noch?

Ein leicht nachzuvollziehender Grund für Intergruppenkonflikte nennt sich **negative Interdependenz**. Negative Interdependenz bedeutet hier nichts anderes als, dass ein Konflikt daraus resultiert, dass die Ziele der eigenen Gruppe mit den Zielen der anderen nicht miteinander vereinbar sind. Ist dies der Fall, lässt sich eine Verschärfung negativer Vorurteile zwischen den Gruppen feststellen. Das hat oftmals feindselige oder aggressive Verhaltensweisen zu Folge. Die Situation erscheint den Gruppen bei negativer Interdependenz als: "Dein Verlust ist mein Gewinn. Und dein Gewinn ist mein Verlust."

Sherif und Kollegen führten zur negativen Interdependenz die sogenannten **Sommerlagerstudien** durch. Sie erzeugten einen Wettbewerb zwischen zwei benachbarten Gruppen von etwa 12-jährigen Jungen. Bei den

Wettbewerben handelte es sich meist um einfache Spiele wie zum Beispiel Tauziehen. Der Sieger des Wettkampfes bekam anschließend eine Belohnung, wohingegen der Verlierer gar nichts bekam. Ziemlich schnell entwickelte sich zwischen den vorher friedlich nebeneinander lebenden Gruppen, eine aggressive und feindliche Atmosphäre. Beide Gruppen lieferten sich auch außerhalb der Wettkämpfe fast ständig körperliche und verbale Duelle. Wurden die Bedingungen in der Folge so geändert, dass das Zusammenarbeiten zwischen beiden Gruppen auch für beide Gruppen zu einer Belohnung führte, gingen beide Gruppen auch wieder wesentlich friedfertiger miteinander um. Ähnliche Befunde konnten auch in anderen sozialen Kontexten wie bei Arbeitsgruppen in Unternehmen repliziert werden.

Ein anderer Grund, der zu Intergruppenkonflikten führen kann, ist die **relative Deprivation**. Relative Deprivation bedeutet, dass jemand weniger hat als ihm seiner Meinung nach zusteht. Gerade im sozialen Vergleich entsteht relative Deprivation, was bei den Betroffenen zu großer Unzufriedenheit führen kann. Bei Intergruppenvergleichen nennt man dieses Phänomen fraternale relative Deprivation (Vergleich zwischen eigener Gruppe und Fremdgruppe). Interessant hierbei ist, dass selbst Individuen, die sich selbst nicht benachteiligt fühlen, an Konflikten beteiligen, wenn ihre eigene

Gruppe sich benachteiligt fühlt. Relative Deprivation ist ein häufiger Grund für Konflikte zwischen Gruppen.

Eine dritte Ursache für Intergruppenkonflikte ist eine wahrgenommene **negative soziale Identität**. Wenn das Bedürfnis nach einer positiven sozialen Identität verletzt wird, kann es zu Konflikten zwischen Gruppen kommen. Über soziale Vergleichsprozesse kommen Menschen zu dem Resultat einer positiven oder negativen sozialen Identität. Ist dieses Resultat negativ, sind die Menschen bemüht dieses ändern zu wollen. Eine Möglichkeit eine Änderung der sozialen Identität zu erreichen, ist der soziale Wettbewerb. Hierbei fordert die statusniedrige Gruppe die statushöhere Gruppe heraus, mit dem Ziel einen sozialen Wandel zu bewirken. Das Herausfordern kann dabei beispielsweise die Form eines einfachen Wettstreits, eines kollektiven Protests oder gar einer Revolution annehmen.

6.3 Verringerung von Vorurteilen durch Gruppenkontakt

Wie können Vorurteile und Feindseligkeiten zwischen Gruppen reduziert werden?

Die auch bis heute noch einflussreichste Antwort auf diese Frage gab der Psychologe *Gordon Allport*: Vorurteile können durch gemeinsamen, gleichberechtigten Kontakt zwischen Mehrheit und Minderheit beim Verfolgen gemeinsamer Ziele verringert werden. Diese sogenannte **Kontakthypothese** wurde in der Folgezeit von anderen Psychologen weiterentwickelt. *Thomas Pettigrew* schlussfolgerte und erweiterte die Kontakthypothese um eine Reihe von Kontaktbedingungen, die zu einer Reduktion von Vorurteilen zwischen Gruppen führen können:

- **Gemeinsame übergeordnete Ziele**: Übergeordnete Ziele sind Ziele, die von beiden Gruppen verfolgt werden. Die gemeinsamen Ziele können dazu führen, dass sich die Gruppen neu mit der Fremdgruppe beschäftigen und so durch Kooperation und Solidarität eine neue Sichtweise auf die Fremdgruppe erfahren können.

- **Kooperation**: Wichtig ist, dass die Ziele nur durch Kooperation erreicht werden können und so ein Wettbewerb zwischen den Gruppen ausgeschlossen wird. Es gibt zahlreiche Belege für die Effektivität von Kooperation beim Abbau von Vorurteilen und Feindseligkeiten gegenüber der Fremdgruppe.

- **Gleicher Status**: Für den Abbau von negativen Annahmen über die Fremdgruppe ist zudem wichtig, dass sich beide Gruppe nicht im Status unterscheiden. Wird beim Kontakt weiter deutlich ein Statusunterschied zwischen den beiden Gruppen erkannt, besteht die Gefahr, dass weiter stereotypischen Mustern gefolgt wird.

- **Autoritäten, Normen und Gesetze**: Institutionen und Autoritäten können Regeln und Gesetze formulieren, die unterstützend auf den Umgang beider Gruppen miteinander wirken. Gerade statusniedrigere Gruppen profitieren von einer gesetzlich garantierten Gleichstellung beider Gruppen.

- **Freundschaftspotenzial**: Das Bilden von intergruppalen Freundschaften hat ebenfalls die Kraft Vorurteile und Feindseligkeiten abzubauen. Wer Freundschaften zu Mitgliedern einer Fremdgruppe führt, hat in der Regel auch einen insgesamt weniger mit Vorurteilen behafteten Blick auf die gesamte Fremdgruppe.

Wenn die oben aufgeführten Kontaktbedingungen erfüllt werden, kann das zu einer Einstellungsänderung gegenüber der Fremdgruppe beitragen. Ein Problem, dass es zu überwinden gilt, ist die positiven Erfahrungen mit Einzelmitgliedern der Fremdgruppe auf die ganze Gruppe zu übertragen. Erst wenn es dem Individuum gelingt seine gemachten Erfahrungen zu generalisieren, ist der Abbau von Vorurteilen wirklich gelungen.

6.4 Prosoziales Verhalten zwischen Gruppen

Wenn du dir die bisherigen Ausführungen zu intergruppalen Prozessen ansiehst, könntest du zu dem Schluss gelangen, dass es nur negative Beziehungen zwischen unterschiedlichen Gruppen gibt. Während Intergruppenkonflikte in der Tat ein wichtiges soziales Problem darstellen, gibt es aber auch immer wieder Beispiele von prosozialem Intergruppenverhalten. So hast du sicherlich schon Demonstrationen gegen Fremdenhass miterlebt oder von Spendenaktionen für Opfer von Naturkatastrophen auf der ganzen Welt gehört.

Worin unterscheidet sich das Helfen einer Fremdgruppe zum Helfen der Eigengruppe?

Es hat sich herausgestellt, dass hinter dem Helfen von Mitgliedern einer Fremdgruppe andere **motivationale Prozesse** stecken als beim Helfen von Mitgliedern der Eigengruppe. Hierbei spielt vor allem **Empathie** eine wichtige Rolle. Die Forschung zeigt, dass Empathie zum Helfen motiviert. Sie gilt daher als altruistische Motivation. Empathie wird allerdings sehr viel häufiger für Mitglieder der Eigengruppe als für Mitglieder einer Fremdgruppe empfunden. Das kommt daher, dass es dem Einzelnen aufgrund der höheren Ähnlichkeit zu Eigengruppenmitgliedern leichter fällt, Mitgefühl, Mitleid und Anteilnahme zu empfinden. Man kann sich leichter in die Situation hineinversetzen als dies bei Fremdgruppenmitgliedern möglich ist. Da die Ähnlichkeit zu Fremdgruppenmitgliedern fehlt, helfen Menschen selbigen eher selten aus empathischen Gründen. Hier verläuft die Hilfe viel systematischer und beruht eher auf **Kosten-Nutzen-Kalkulationen**. Wenn du dir also Vorteile davon versprichst einem Fremdgruppenmitglied zu helfen, bist du auch eher dazu geneigt Hilfe zu leisten.

Stürmer, Snyder und Kollegen konnten dieses Phänomen in einem Experiment eindrucksvoll bestätigen. In diesem Experiment wurden den Versuchspersonen vorgespielt, dass sie mit einer anderen Person chatten würden. Bei den Versuchspersonen handelte es sich um männliche Studenten mit deutscher oder muslimischer Abstammung. Ihr Chatpartner berichtete den Versuchspersonen im Gespräch, dass er eine schwere Zeit durchmache. Er sei neu in der Stadt, habe dementsprechend keine Freunde und er habe Probleme eine Wohnung zu finden. Seine jetzige Bleibe sei lediglich temporär, welche er nicht mehr lange in Anspruch nehmen könne. Die exakt selbe Geschichte wurden allen Versuchspersonen präsentiert. Variiert wurde lediglich der Name des Chatpartners. Für einen Teil der Versuchspersonen hieß der Chatpartner Markus, für den anderen Teil hieß er Mohammed. Dadurch sollte die Gruppenzugehörigkeit manipuliert werden. Während des Gesprächs wurde dann die Hilfsbereitschaft und Empathie der Versuchspersonen erfasst, dem Chatpartner bei der Wohnungssuche oder anderweitig zu helfen. Das Ergebnis: Sowohl die deutschen als auch die muslimischen Versuchspersonen waren wesentlich häufiger bereit dem Mitglied ihrer Eigengruppe zu helfen als dem Mitglied der Fremdgruppe. Der vermittelnde Faktor hierbei war erwartungsgemäß die Empathie.

Welche Funktionen erfüllt das Fremdgruppenhelfen?

Die **individuelle Nutzenerwartung** hat gerade bei langfristigem Helfen, wie ehrenamtlicher Arbeit, einen enorm hohen Stellenwert. Der Nutzen besteht darin, dass durch das Enagagement diverse individuelle Bedürfnisse befriedigt werden. Die Motive können dabei unterschiedlichster Art sein. Es kann um die Selbstwertsteigerung gehen, den Erwerb von Wissen, der Steigerung der Berufschancen oder auch nur der Ablenkung von eigenen Problemen. Werden die individuellen Bedürfnisse durch die Tätigkeit als Ehrenamtler ausreichend befriedigt, so wirkt sich das positiv auf die Dauer des Engagements aus.

Neben dem individuellen Nutzen, existiert Fremdgruppenhilfe aber auch, wenn die Eigengruppe einen Nutzen daraus zieht. Dies kann beispielsweise der Aufrechterhaltung von **Macht- und Statusdifferenzen** dienen. Die Hilfe ist hierbei nicht darauf ausgerichtet der Fremdgruppe autonomieorientierte Unterstützung zu geben, durch die sie langfristig selbstständig ihre Probleme in den Griff kriegen könnte. Die Unterstützung ist abhängigkeitsorientiert. Dadurch wird sichergestellt, dass die Macht- und Statusdifferenzen zwischen den Gruppen sich nicht verschieben bzw. sogar manifestieren. Des Weiteren kann Fremdgruppenhilfe der Aufrechterhaltung einer **positiven sozialen Identität** dienen. Die Motivation hinter der Hilfe ist also nicht altruistischer Natur, sondern dient beispielsweise dazu vor anderen in einem guten Licht zu erscheinen.

Welche Möglichkeiten bestehen die gruppenübergreifende Solidarität zu fördern?

Stephen Reicher und Kollegen haben drei Aspekte herausgearbeitet, die gruppenübergreifende Solidarität fördern können. Danach haben politische Akteure folgende Möglichkeiten gruppenübergreifendes prosoziales Handeln zu unterstützen:

- **Normen und Werte**: Wenn sich eine Gruppe über ihre (hohen) humanitären Normen und

Werte definiert und von anderen Gruppen dadurch abgrenzt, könnte ausbleibende Solidarität gegenüber eine Fremdgruppe, die eigene positive Identität in Frage stellen. Politiker haben die Möglichkeit diese Normen und Werte ins Bewusstsein der Menschen zu rufen.

- **Instrumentelle Interessen**: Das Helfen einer Fremdgruppe kann mit Vorteilen für die Eigengruppe verbunden sein. Politische Akteure könnten diese Vorteile hervorheben, um mehr Solidarität zwischen Gruppen zu ermöglichen.

- **Redefinition der Gruppengrenzen**: Politische Akteure könnten auch versuchen die Gemeinsamkeiten der beiden Gruppen herauszustellen, um eine Auflösung und Neuordnung der Gruppen zu erwirken, so dass beide Gruppen sich als eine einzige sehen.

Insgesamt bleibt festzuhalten, dass das Intergruppenverhalten von einer Menge Faktoren abhängig ist. Ziele, Interessen und Normen bestimmen, ob sich Gruppen als Konkurrenz wahrnehmen und feindselig handeln oder ob sie zusammenarbeiten, sich helfen und solidarisieren.

7. Fazit

Die Sozialpsychologie ist eine sehr interessante Disziplin der Psychologie. Das Erleben und Verhalten des Menschen in sozialen Situationen wird von unglaublich vielen Faktoren beeinflusst. Die von Sozialpsychologen festgestellten Erkenntnisse können einen großen Einfluss auf dein tägliches soziales Erleben und Verhalten haben. Hoffentlich konnte dir dieser Einstieg in die Sozialpsychologie einen ersten informativen Überblick darüber verschaffen, womit sich Sozialpsychologen beschäftigen.

Lennart Pröss

Sozialpsychologie für Einsteiger

Die Psychologie in sozialen Situationen verstehen

- 25 sozialpsychologische Phänomene leicht erklärt

Vorwort

In der Sozialpsychologie finden sich unterschiedlichste Effekte, die uns regelmäßig im Alltag begegnen. Während einige von ihnen positiv genutzt werden können, bergen andere Effekte auch Gefahren, durch die das eigene Handeln stark beeinflusst werden kann. Um auf die jeweiligen Umstände bestmöglich reagieren zu können, ist es ratsam, sich ausführlich mit den Effekten zu beschäftigen. Auf diese Weise lernst Du nicht nur sie zu verstehen, Du kannst sie später vielleicht sogar kontrollieren und für dich nutzen oder sie verhindern, sollten sie die Gefahr einer negativen Auswirkung mit sich bringen.

Im Folgenden werden Dir 25 spannende sozialpsychologische Effekte vorgestellt, denen Du in Deinem tagtäglichen Tun ausgesetzt bist – auch wenn Du Dir dieser teilweise gar nicht bewusst bist.

1. Dehumanisierung - wie sich eine fest definierte Rolle auf die Gehorsamkeit auswirkt

Zu den bedeutendsten sozialpsychologischen Experimenten zählt das sogenannte **Stanford-Prison-Experiment** des amerikanischen Psychologen **Philip Zimbardo**, welches 1971 an der Stanford University durchgeführt wurde. Untersucht werden sollte das menschliche Verhalten während einer Gefangenschaft. Ursprünglich war das Experiment über einen Zeitraum von zwei Wochen angesetzt worden. Allerdings musste es bereits nach sechs Tagen aufgrund von rapiden Veränderung im Verhalten von Wärtern sowie Gefangenen abgebrochen werden. Dennoch lieferte das Stanford-Prison-Experiment letztlich bedeutende Erkenntnisse in puncto Sozialpsychologie.

Um die Probanden für das Experiment zu finden, schaltete Zimbardo gemeinsam mit seinem Wissenschaftsteam Annoncen in regionalen Zeitungen. Von mehr als 70 Studenten wurden letztlich 24 ausgewählt, um an dem Experiment teilzunehmen.

Ausschlaggebend für die Auswahl waren unterschiedliche Persönlichkeitstests, denen sich die Studenten unterziehen mussten. Vom Experiment ausgeschlossen wurden Kandidaten, die extreme Charakterzüge und Eigenschaften aufwiesen.

Somit stellte Zimbardo sicher, dass es sich bei den Teilnehmern um möglichst durchschnittliche Personen handeln würde. Um an der Studie teilnehmen zu können, mussten die Probanden dafür unterschreiben, dass sie für die Dauer des Experiments auf Grundrechte wie etwa Freiheit oder körperliche Unversehrtheit verzichten.

Sobald alle Kandidaten auserwählt waren, wurden sie in zwei Lager aufgeteilt. Ein Teil der Probanden sollte als Wärter, der andere Teil als Gefangene fungieren. Um eine möglichst reale Situation zu schaffen, wurden die "Gefangen" wenige Tage nach der Aufteilung von echten Polizisten verhaftet und auf die örtliche Polizeiwache gebracht. Ihnen wurde Raub vorgeworfen. Von der Polizeiwache aus wurden die Gefangenen in der Folge mit verbundenen Augen zum Stanford-Institut gebracht. In dessen Keller war ein künstliches Gefängnis errichtet worden. Es bestand aus drei Zellen sowie einem Flur, der als Gefängnishof genutzt wurde. Der gesamte Komplex war mit Kameras versehen, um das Verhalten der Gefangenen sowie der Wärter zu jeder Zeit beobachten zu können.

Um das Experiment möglichst unter realen Bedingungen durchführen zu können, wurden die Wärter sowohl mit einer Uniform als auch mit verspiegelten Sonnenbrillen sowie Gummiknüppeln ausgestattet. Im ersten Schritt wurden die Personalien aufgenommen und die Gefangenen entlaust. Weiterhin mussten sie Fußketten sowie Nylonstrumpfhosen über ihren Köpfen tragen und ihre Gefängniskleidung anziehen. Unterwäsche war während des gesamten Experiments hingegen verboten. Anstelle von Namensschildern wurde jedem Gefangenen eine Nummer zugeteilt, die deutlich sichtbar auf der Kleidung angebracht wurden. Untergebracht waren die Gefangenen in kleinen Dreierzellen. Diese waren so klein, dass lediglich drei Liegen hineinpassten. Die Toiletten hingegen waren außerhalb der Zellen untergebracht und durften nicht ohne die Erlaubnis der Wärter aufgesucht werden.

Die Regeln im Gefängnis wurden bis auf die Toilettenregel nicht definiert. Stattdessen übertrug man den Wärtern die Aufgabe, die Gefängnisregeln selbstständig aufzustellen. Auf diese Weise wurden ihnen uneingeschränkte Handlungsfreiheit gewährt. Auch wurden die Wärter darüber informiert, dass das Experiment im dem Moment als gescheitert gilt, an dem den Gefangenen ein Ausbruch gelingen sollte.

Kurz nach dem Beginn des Experiments war die Stimmung innerhalb des Gefängnisses noch normal. Zunächst testeten beide Lager aus, wie weit sie gehen konnten. Auffällig war, dass die Wärter recht schnell Tendenzen entwickelten, ihre Macht auszuleben.

Mehrmals pro Nacht wurden Appelle durchgeführt, um den Gefangenen eben jene Macht zu demonstrieren. Als erste Bestrafungen für Regelverstöße mussten die Gefangenen Liegestütze machen.

Bereits am zweiten Tag kippte die Stimmung grundlegend. Die Gefangenen revoltierten gegen das Verhalten der Wärter und versperrten die Zugänge zu den Zellen. Darüber hinaus weigerten sie sich, weiterhin Nylonstrümpfe über den Köpfen sowie ihre Nummern zu tragen. Um den Aufstand niederzuschlagen, drangen die Wärter daraufhin in die Zellen der Gefangenen ein. Als Bestrafung für den Ungehorsam sowie die Revolte wurden den Gefangenen ihre Kleidung sowie ihre Betten weggenommen. Damit war die Bestrafung jedoch nicht abgeschlossen, da die Wärter ihre zunehmend sadistischen Züge ausleben und Strafen mit dem Ungehorsam der Gefangenen rechtfertigen konnten. Rasch entwickelte sich daher eine totale Unterdrückung, die sich teilweise bis hin zur Demütigung entwickelte. Besuche auf der Toilette wurden fortan verwehrt. Stattdessen mussten die Gefangen ihre Notdurft in Eimer verrichten, die ihnen in die Zelle gereicht worden waren.

Während die aufständischen Gefangenen sich der Unterdrückung durch die Wärter hingeben mussten, wurden den folgsamen Gefangenen Privilegien zugestanden. Sie erhielten sowohl Kleidung als auch Betten zurück und bekamen eigene Zellen zugewiesen. Weiterhin wurde ihnen Essen gereicht. Die aufständischen Gefangenen hingegen wurden gezwungen, ihnen beim Essen zuzusehen. Anschließend sorgten die Wärter dafür, dass die privilegierten Gefangenen zurück in die Zellen der anderen Gefangenen gebracht wurden. Auf diese Weise erreichten die Wärter, dass die Gefangenen untereinander das Vertrauen verloren und der Zusammenhalt dauerhaft gestört wurde. Als Resultat daraus, konnten weitere Widerstandsaktionen unterbunden werden, da die Gefangenen sich gegenseitig nicht mehr vertrauten.

Bereits am dritten Tag wurde deutlich, dass das Experiment langsam aber sicher außer Kontrolle gerät. Insbesondere die Wärter wiesen vermehrt sadistische Züge auf und brachten die Gefangenen an ihre psychischen Grenzen. In einigen Fällen ist gar davon auszugehen, dass die Grenzen überschritten wurden. Vor allem während der Nacht wähnten sich die Wärter unbeobachtet, da sie die installierten Kameras nun kaum noch wahrnahmen. Nachdem mehrere Misshandlungsversuche durch die Versuchsleiter unterbunden werden mussten und die Sicherheit der Gefangenen nicht mehr gewährleistet werden konnte, wurde das Experiment bereits nach sechs Tagen abgebrochen.

Ergebnisse und Fazit

Für die rasche Eskalation sowie die deutlichen Verhaltensänderungen machte Philip Zimbardo unterschiedliche Faktoren verantwortlich.

Entscheidende Faktoren waren dabei in erster Linie die **Anonymität** sowie die **Deindividuation**. Sowohl Wärter als auch die Gefangenem wurden durch unterschiedliche Maßnahmen von ihrer Individualität gelöst. Bei den Wärtern geschah dies durch die Einheitskleidung sowie durch die Anonymität mithilfe der verspiegelten Sonnenbrillen. Auf der anderen Seite wurde den Gefangenen ihre Individualität geraubt, in dem sie die Nylonstrümpfe über den Köpfen tragen und statt ihrer Namen Nummern benutzen mussten, um sich gegenseitig anzusprechen. Hervorzuheben ist jedoch die Anonymität der Wärter:

Durch die Uniformierung konnte ein Gruppenzusammenhalt erreicht werden. Auf diese Weise war es den Wärtern möglich, ihre Verantwortung unbewusst auf die Gruppe zu übertragen. Somit waren sie zu Handlungen fähig, die sie als Einzelpersonen höchstwahrscheinlich nicht umgesetzt hätten.

Aus diesem Grund weist das Experiment eine Parallele zum Milgram-Experiment auf.

Weiterhin war die Freiheit über die Regeln ein nicht unerheblicher Faktor, der zur raschen Eskalation der Lage beitrug. Die Wärter konnten ohne Einwände von außerhalb frei über die Regeln bestimmen. Somit war es ihnen möglich, jede einzelne individuelle Handlung mit den Regeln zu rechtfertigen und sich hintern den gemeinsam aufgestellten Regeln zu verstecken.

Eine überraschende Beobachtung konnte ebenfalls im Bereich der Identifikation gemacht werden. Die Gefangenen gingen so sehr in ihren Rollen auf, dass ihr eigentliches Leben in den Hintergrund rückte und zum Teil in Vergessenheit geriet. Nach kurzer Zeit waren sie in der Lage, sich mit ihrer neuen Rolle zu identifizieren. Dies führte dazu, dass kein einziger Gefangener seine Freilassung forderte, obwohl dies durchaus möglich gewesen wäre.

Nach einem ähnlichen Prinzip, lässt sich zum Teil auch das Verhalten der Wärter erklären. Da sie lediglich eine Rolle zu spielen hatten, konnten sie die Verantwortung für ihre Handlungen auf die Rolle übertragen und mussten sich nicht persönlich dafür verantwortlich fühlen.

Zu guter Letzt ist die soziale Anerkennung als entscheidender Faktor zu werten. Das Streben nach Anerkennung innerhalb der Gruppe war für viele Wärter

Anlass, sich besonders intensiv um die Umsetzung der von ihnen aufgestellten Regeln zu bemühen. Während sie somit versuchen, innerhalb der Gruppe aufzusteigen, rückt die Sinnhaftigkeit einer Regel sowie einer dazugehörigen Bestrafung in den Hintergrund.

Zusammenfassend zeigt das Stanford-Prison-Experiment, dass durchschnittliche Menschen von sozialen Kräften so stark beeinflusst werden können, dass sie zu außerordentlichen Verhaltensweisen bereits sind, die sie im individuellen Alltag niemals an den Tag legen würden. Dies wird durch den Umstand ermöglicht, dass sämtliche Handlungen durch die Gruppe legitimiert werden - unabhängig davon, ob es sich dabei um ein moralisches Fehlverhalten handelt, oder nicht.
Daher ist es besonders wichtig, dass Du Dir darüber bewusst bist, dass jeder Mensch durch soziale Einflüsse massiv beeinflusst werden kann. Dabei spielt vor allem der Druck, der durch eine Gruppe ausgeübt, eine tragende Rolle. Zimbardo erklärt dieses potenzielle Verhalten damit, dass in jedem Menschen ein "kleiner Teufel" steckt, der im Alltag in der Regel nicht zu erkennen ist. Aus diesem Grund überrascht es auch nicht, dass er diesen Effekt auch als Luzifer-Effekt betitelt hat.

2. Der Begründungseffekt und die Bedeutung des Wortes "weil"

Kaum ein anderes Wort kann die Entscheidungen von Person besser beeinflussen als das Wörtchen "weil". Mit Sicherheit wirst Du Dich jetzt fragen, wie so etwas sein kann. Die Erklärung ist jedoch einfacher, als Du wahrscheinlich vermuten würdest. Die Handlungen eines Menschen können intensiv durch den sogenannten **Begründungseffekt** gesteuert werden. Ein Experiment der beiden Psychologen **Ellen Langer** und **Robert Cialdini** konnte diese These eindeutig beweisen.

Das Experiment ist so einfach aufgebaut, dass Du es bei Gelegenheit selbst austesten kannst. Langer und Cialdini stellten einer Gruppe von Probanden in einem Büro jeweils drei Fragen. Alle Fragen wurden bei der Benutzung eines Kopierers durch die jeweilige Testperson gestellt.

Die erste Frage lautete: *"Entschuldigung, ich habe nur fünf Seiten. Könnte ich bitte an den Kopierer?"* Lediglich 60 Prozent der Probanden reagierten positiv auf die Frage und kamen der Bitte nach.

Die zweite Frage lautete wie folgt: *"Entschuldigung, ich habe nur fünf Seiten. Könnte ich bitte an den Kopierer, weil ich es sehr eilig habe?"* Allein die Begründung mithilfe des Wortes "weil" reichte aus, um in 94 Prozent der Fälle den Kopierer nutzen zu dürfen.

Besonders interessant wurde es allerdings erst nach der dritten Frage: *"Entschuldigung, ich habe nur fünf Seiten. Könnte ich bitte an den Kopierer, weil ich ein paar Kopien machen muss?"* Auch hierbei zeigten sich 93 Prozent der Probanden bereit, den Kopierer zu überlassen. Wenn Du Dich genauer mit der Frage auseinandersetzt, dann wirst Du feststellen, dass die Begründung nicht fadenscheiniger hätte sein können.

Obwohl das Experiment verhältnismäßig klein und simpel aufgebaut ist, ist das Ergebnis umso beeindruckender. Allein die Tatsache, dass die Bitte eine Begründung enthielt reichte aus, um die Handlung der Probanden deutlich zu beeinflussen. Dabei spielt es keine Rolle, wie qualitativ hochwertig jene Begründung formuliert ist. Wer sich des Begründungseffekts bewusst ist, der kann sich im alltäglichen Leben damit hin und wieder einen kleinen Vorteil verschaffen.

3. Der Chamäleon-Effekt

In der Sozialpsychologie finden sich unzählige Effekte, die zum Teil sehr lustige Namen tragen. Dabei sind die Namensgeber meist für bestimmte Eigenschaften bekannt. Beim Chamäleon handelt es sich um eine Art der Reptilien, die im Ruf steht, sich durch das Färben ihrer Haut vor der Umwelt zu verstecken. Dies ist zumindest die häufigste Annahme, wenn Menschen danach gefragt werden, warum Chamäleons ihre Hautfarbe wechseln. Tatsächlich beschränkt sich diese Fähigkeit jedoch nur auf wenige Unterarten der Chamäleons. Auf den Menschen bezogen beschreibt der **Chamäleon-Effekt** jedoch nicht die Anpassungsfähigkeit an die Umwelt, um sich verstecken zu können. Er steht für die unbewusste Änderung von persönlichen Eigenschaften, um sich besser anzupassen.

Der Chamäleon-Effekt ist ausschlaggebend dafür, dass einige Menschen unbewusst die Realität verändern und so agieren, als würden sie in einem Spiegel schauen. Sie ahmen dann unterschiedlichste Verhaltensmuster anderer Personen nach, ohne sich dessen bewusst zu sein. Dabei spielt es keine Rolle, ob es sich um die Körperhaltung, die Mimik oder gar das Vokabular handelt - der Chamäleon-Effekt kann quasi bei allen wahrnehmbaren Eigenschaften auftreten. Mit Sicherheit hast

Du es auch schon erlebt, dass Du ein Lachen automatisch erwiderst. Dabei spielt es keine Rolle, ob Du die Situation ebenso komisch oder ansprechend empfunden hast, wie Dein Gegenüber. Selbiges gilt für das Gespräch mit Menschen, die einen anderen Dialekt sprechen. Im Laufe der Zeit ist dann meist zu beobachten, dass sich ein Gesprächspartner unbemerkt dem Dialekt seines Gegenübers anpasst. Zwar konnte die Ursache für den Chamäleon-Effekt bislang nicht gänzlich entschlüsselt werden, jedoch ist er bei einer Vielzahl an Gelegenheiten anzutreffen.

Die wahrscheinlichste Erklärung für den Effekt ist eine Funktion, die sich im Laufe der Evolution entwickelt hat und sowohl in der Tierwelt als auch beim Menschen auftritt. Durch das Anpassen an unterschiedlichsten Gegebenheiten fällt es uns in der Regel einfacher, uns in Gruppen zu integrieren, Gefühle zu zeigen oder Signale auszustrahlen. Alle diese Anpassungen erleben wir bereits seit unserer Geburt, auch wenn Du Dir dessen vielleicht nicht bewusst bist. Zwar laufen die meisten Prozesse vollkommen automatisch ab, jedoch kannst Du Dein Umfeld mit dem Wissen über den Chamäleon-Effekt gezielt beeinflussen. In der Praxis werden viele Deiner Freunde positiv auf Dich reagieren, wenn Du glücklich bist. Bist Du hingegen traurig, so passen sie sich ebenfalls Deiner Gefühlslage an. Zusammenfassend betrachtet kannst Du Deine Umwelt daher bewusst beeinflussen, in dem Du Deine Emotionen kontrollierst. Versuchst Du nach Möglichkeit immer positiv und gut gelaunt zu sein, wird auch Dein Umfeld davon profitieren können. Auf der anderen Seite besteht die Gefahr, dass eine negative Einstellung oder die Traurigkeit Deines Gegenübers unbewusst auf Dich übertragen wird.

4. Der Falsche-Konsens-Effekt

Die meisten Menschen sind auf Harmonie gepolt. Gleichzeitig fällt ihnen das Akzeptieren abweichender Sichtweisen schwer. Jeder hat seinen eigenen Blickwinkel und betrachtet die Dinge von einer anderen Warte aus. Das gilt auch für das Einschätzen der Mitmenschen. Menschen tendieren dazu, **ihre eigenen Ansichten auf andere zu projizieren**. Sie glauben, dass ihr Gegenüber so denkt wie sie selbst. Zudem sind sie der Überzeugung, dass **ihre Sichtweise in der Bevölkerung vorherrschend ist** und mehr Leute diese teilen, als es tatsächlich der Fall ist. Dieses Phänomen wird in der Psychologie als Falscher-Konsens-Effekt bezeichnet und wurde erstmals von **Professor Lee Ross** und seinem Team beschrieben.

Das Lee Ross Experiment

Professor Lee Ross von der Stanford Universität machte zum Falschen-Konsens-Effekt im Jahr 1977 ein bekanntes und aufschlussreiches Experiment. Er untersuchte mit seinen Versuchsdesign, was Menschen dazu bewegte, das Verhalten anderer auf diese Weise zu missinterpretieren und so Harmonie herzustellen. In zwei aufsehenerregenden Studien zeigte Professor Lee

Ross wie der Falsche-Konsens-Effekt funktioniert und sich auf das Urteilsvermögen auswirkt.

Methodik der ersten Studie von Lee Ross

In der ersten Studie wurden die Teilnehmer gebeten, einen **Text über einen Konflikt** zu lesen und danach mit zwei **unterschiedlichen Reaktionsweisen** konfrontiert. Die Probanden sollten dann drei Dinge tun:

1. Sie sollten raten, welche der zur Auswahl stehenden Optionen andere Leute wählen würden

2. Sie sollten offenlegen, für welche Option sie selbst sich entscheiden würden

3. Sie sollten die jeweiligen Eigenschaften der Personen charakterisieren, die sich für Option 1 oder 2 entschieden hatten

Ergebnisse von Studie 1

Die Auswertung der Daten von Professor Lee Ross ergab, dass die Mehrzahl der Probanden davon ausging, andere würden die gleich Option wählen wie sie selbst. Diese Annahme stand in keinem Zusammenhang mit ihrer tatsächlich getroffenen Wahl. Die Ergebnisse bestätigten das Phänomen Falscher-Konsens-Effekt. **Menschen tendieren dazu, ihre Ansichten auf andere zu übertragen.** Außerdem nehmen sie an, die

Mehrheit der Gesellschaft teile ihre Denkweise. In Wirklichkeit sind die Ansichten der anderen aber häufig abweichend von den eigenen. Eine zweite Beobachtung aus der Studie legte nahe, dass Menschen dazu neigen, **extreme Aussagen über den Charakter von Personen mit abweichenden Denkmustern** oder Ansichten zu machen. Jenen mit ähnlichen Denkmuster wie sie selbst attestieren sie dagegen positivere Wesenszüge.

Methodik der zweiten Studie von Lee Ross

Die zweite Studie zum Falscher-Konsens-Effekt führte Professor Lee Ross mit anderen Studienteilnehmern durch. In dem Experiment wurden die Probanden gefragt, ob sie bereit wären für eine **halbe Stunde mit einem Schild** mit der Aufschrift "Eat at Joe's" über den Campus der Universität zu laufen. Um die Teilnehmer zum Mitmachen zu motivieren, wurde ihnen ein wichtiger und **positiver Lerneffekt** am Ende der Studie versprochen. Außerdem teilte man ihnen mit, sie könnten sich auch aus freien Stücken **gegen die Teilnahme** an der Studie entscheiden, wenn sie sich nicht danach fühlten

.

Ergebnisse von Studie 2

Die Ergebnisse der zweiten von Professor Lee Ross konzipierten Studie **bestätigten jene der ersten**. Von den Probanden, die sich bereit erklärt hatten, das Schild mit der Aufschrift "Eat at Joe´s" über den Campus zu tragen, glaubten rund 62 Prozent, alle anderen hätten sich genauso wie sie selbst entschieden. Von denen, die sich geweigert hatten mit dem beschrifteten Schild herumzulaufen, glaubten im Gegensatz nur 33 Prozent, dass die anderen sich für das Tragen des Schildes ent-schieden hatten. Wie schon in der ersten Studie be-scheinigten die Teilnehmer den Probanden mit dem von ihrem eigenen abweichenden Verhalten mehrheitlich einen extremen Charakter und negative Wesenszüge.

Schlussfolgerung aus den Experimenten von Lee Ross

Das Phänomen Falscher-Konsens-Effekt beschreibt die Tatsache, dass Menschen davon ausgehen, andere wür-den die **gleichen Entscheidungen treffen wie sie selbst**. Entscheiden sich die anderen jedoch für ein abweichendes Verhalten, tendieren sie dazu, diese als **unakzeptabel** oder sogar verhaltensgestört wahrzu-nehmen.

Falscher-Konsens-Effekt verhindert Streit

Im Alltag kann dich der Falscher-Konsens-Effekt vor **heftigen Auseinandersetzungen bewahren**. Gerade im Job ist es nicht immer einfach, wenn stark unterschiedliche Sichtweisen aufeinanderprallen. Andere Meinungen zu hören und zu akzeptieren erfordert eine gefestigte Persönlichkeit und die Fähigkeit zur Toleranz. Dennoch ist es auch für Menschen, die mitten im Leben stehen, das Ablehnen ihrer Sichtweise manches Mal schwer zu ertragen. Nicht immer ist im Arbeitsalltag für eine diesbezügliche Diskussion der richtige Zeitpunkt oder die Konfrontation überhaupt zielführend. Der Falscher-Konsens-Effekt gaukelt Dir in diesen Situationen vor, dass sowieso alle Deiner Meinung sind und lässt dich beruhigt weiterarbeiten. Dabei solltest Du auf der anderen Seite immer im Blick behalten, dass zu viel Harmonie Deine Kreativität und die Weiterentwicklung eines Projekts hemmen kann.

5. Der Halo-Effekt

In vielen Situationen des Alltags ist der erste Eindruck für Dich entscheidend. Da der erste Eindruck jedoch eine unterbewusste Aktion ist, ist er nicht frei von Fehlern. In der Realität kann dies dazu beitragen, dass Du durch Deinen ersten Eindruck getäuscht wirst. Dabei können die Auswirkungen des Halo-Effekts fast alle Bereiche Deines Lebens betreffen. Daher verwundert es auch nicht, dass kaum ein anderer sozialpsychologischer Effekt dermaßen oft und aus unterschiedlichen Perspektiven betrachtet wird, wie der **Halo-Effekt**.

Das Wort "Halo" entstammt ursprünglich der griechischen Sprache und steht für die hellen Lichtkreise, die Sonne und Mond bisweilen umgeben. Im englischen Sprachgebrauch steht der Begriff hingegen für den Heiligenschein und ist daher namensgebend für den Effekt. Präziser formuliert geht es dabei um unsere Urteilskraft, die je nach Situation durch äußeren Bedingungen überstrahlt werden kann und somit fehlerhaft ist.

Als konkretes Beispiel kann hierbei ein erfolgreicher Sportler herangezogen werden. *Nehmen wir an, besagter Sportler wäre ein besonders guter oder gar ausgezeichneter Fußball. Diese Fähigkeit überstrahlt einen Großteil seiner anderen Fähigkeiten. So würde ein*

Großteil der Menschen davon ausgehen, dass ein be-gabter Fußballer generell ein sehr sportlicher Mensch ist. Dabei ist es tatsächlich möglich, dass der Fußballer für andere Disziplinen wie Tennis oder Handball gar kein Talent besitzt. Und dennoch lassen wir uns im Alltag häufig von dieser einen besonders ausgeprägten Fähigkeit oder Eigenschaft beeinflussen und reproduzieren diese auf viele weitere Bereich.

Der Halo-Effekt ist ein fester Bestandteil der menschlichen Psyche. Da er allgegenwärtige Merkmale wie etwa das Aussehen oder spezifische Charakterzüge betreffen kann, ist es nicht möglich sich dem Effekt zu entziehen. Auf der anderen Seite ist es daher wichtig, dass wir uns der Existenz des Effekts bewusst sind, um auf möglichst wenige Irrtümer hereinzufallen, die uns durch den ersten Eindruck vermittelt werden.

Erstmals wurde der Halo-Effekt während des ersten Weltkriegs durch den amerikanischen Psychologen **Edward Thorndike** beschrieben. Dieser beschäftigte sich mit den Beurteilungen, die Soldaten durch ihre vorgesetzten Offiziere erfuhren. Vorgegeben waren bei dem Experiment eine Vielzahl an Kriterien, welche die Offiziere bei den jeweiligen Soldaten zu bewerten hatten. Dazu gehörten unter anderem die Musikalität, der Charakter, das Aussehen, die Intelligenz sowie die Zielfähigkeit beim Schießen.

Bei der Auswertung der Bewertungen stieß Thorndike auf überraschende Ergebnisse. Jene Soldaten, denen eine gute körperliche Konstitution bescheinigt wurden, wurden in der Regel auch gut im Bereich Schießen sowie der Musikalität bewertet, während die anderen Soldaten hingegen unterdurchschnittlich bewertet wurden. Daraufhin folgerte Thorndike, dass ein einziges prägnantes Merkmal so viel Strahlkraft besitzen kann, dass andere weniger ausgeprägte Fähigkeiten besser eingestuft werden. Aus diesem Grund war eine fundierte und differenzierte Betrachtung durch die Offiziere nicht möglich.

Anhand weiterer Studien konnte der Halo-Effekt auch in anderen alltäglichen Bereichen nachgewiesen werden. So wurden beispielsweise Studenten nach der Kompetenz ihrer Professoren befragt. Auch hierbei waren die Ergebnisse mehr als deutlich. Je attraktiver der jeweilige Professor bewertet wurde, desto kompetenter wurde er zeitgleich eingeschätzt. Andererseits wurden die weniger attraktiven Professoren häufig als weniger kompetent eingeordnet. In diesem Fall ist es die Wahrnehmung durch den ersten Eindruck, die dafür sorgt, dass die Attraktivität automatisch in einen Zusammenhang mit Kompetenz gebracht wird.

In welchen Bereich sorgt der Halo-Effekt für Probleme?

Zusammenfassend lässt sich zunächst festhalten, dass der Halo-Effekt quasi immer und überall eintreten kann. Dabei spielt es keine Rolle, ob im privaten Umfeld oder im Beruf. In allen Bereichen kann er zu Problemen führen, wenn er nicht erkannt wird und Du stattdessen auf den ersten Eindruck reinfällst. Im privaten Leben kann sich dies beispielsweise bei der Wahl Deines Partners bemerkbar machen. Der Halo-Effekt sorgt dabei meist dafür, dass Du Eigenschaften falsch bewertest, weil diese von einer anderen, deutlich prägnanteren Eigenschaft überstrahlt wird.

Allerdings kannst Du auch vom Halo-Effekt profitieren. Letztlich ist der Effekt für fast jeden Menschen von Vorteil, da ein jeder über individuelle Fähigkeiten oder Eigenschaften verfügt, die durch den Halo-Effekt hervorgehoben werden können und somit andere, mögliche Schwachstellen gar überdeckt. Daher ist davon auszugehen, dass auch Du unter gewissen Voraussetzungen von diesem Effekt profitierst.

6. Der Hawthorne-Effekt als Störfeuer bei sozialpsychologischen Experimenten

Der sogenannte **Hawthorne-Effekt** stellt eines der interessantesten Themen im Bereich der Sozialpsychologie dar, da er zeitgleich auch eines der größten Probleme bei der Durchführung von Experimenten auf diesem Gebiet ist. Im Jahr 1924 waren die Manager von General Electrics auf der Suche nach einer Möglichkeit, wie sie ihre Produktion optimieren könnten. Mithilfe des Taylorismus hatten sie es bereits geschafft, die Arbeitsvorgänge innerhalb der Produktion effizienter zu gestalten. Allerdings bestand weiterhin der Wunsch, die Optimierung voranzutreiben. So entschlossen sich die Manager letztlich dazu, Wissenschaftler zu engagieren, die den Einfluss der Lichtverhältnisse auf die Arbeitsleistung der Angestellten untersuchen sollten. Die Versuchsreihe wurde schließlich in den Hawthorne-Werken der Stadt Cicero im US-Bundesstaat Illinois durchgeführt.

Zunächst wurden die Arbeiten seitens der Wissenschaftler über die Untersuchung informiert. Sobald das Licht in der Werkshalle heller gemacht wurde, nahm die Leistung der Arbeiter zu, wodurch eine Steigerung der Produktivität erreicht werden konnte. Auch die

Wiederholung des Experiments lässt die Manager von General Electrics in Ekstase verfallen. Erneut wurden weitere Lampen installiert und wiederum zeigte sich, dass die Produktivität der Arbeiter stieg. In den Augen der Manager waren bereits die Dollarzeichen zu erkennen, denn sie gingen nun davon aus, dass der Profit des Unternehmens zeitnah deutlich steigen würde.

Jedoch hatten sie die Rechnung ohne die Wissenschaftler gemacht. Diese stellten nach der Durchführung des zweiten Experiments eine Hypothese auf. Was wäre, wenn nicht die Installation zusätzlicher Beleuchtung, sondern vielmehr die Tatsache, dass die Arbeiter wussten, sie würden beobachtet, zur Steigerung der Produktivität beigetragen hätten? Aus diesem Grund ordneten die Wissenschaftler ein drittes Experiment an. Wie auch bei den beiden Experimenten zuvor, wurden die Arbeiter zunächst darüber informiert, dass erneut der Zusammenhang zwischen Licht und Arbeitsleistung untersucht würden. Anders als zuvor wurden jedoch keine neuen Lampen installiert. Dennoch stieg die Produktivität an. Aus ihren Beobachtungen konnten die Wissenschaftler zwei wichtige Erkenntnisse gewinnen:

- Probanden sind in der Lage, ihr Verhalten zu ändern, sofern sie wissen, dass sie unter Beobachtung stehen. Allein aus diesem Grund wurden viele der damals gemachten psychologischen Studien erneut auf den Prüfstand gestellt. Darüber hinaus erbrachten die Wissenschaftler durch das Hawthorne-Experiment den Beweis, dass die Arbeitsleistung unmittelbar an soziale sowie psychologische Bedingungen geknüpft ist.

- Weiterhin macht das Experiment deutlich, dass die maximale Leistungskraft einer Person scheinbar definiert ist, unter gewissen Bedingungen dennoch gesteigert werden kann.

Zwar ist davon auszugehen, dass die Arbeiter auch bei geringen Lichtverhältnissen die maximale Arbeitsleistung erbrachten, jedoch waren sie allein durch die Ankündigung des Versuchs in der Lage, mehr Energie aufzubringen und produktiver zu arbeiten. Das Hawthorne-Experiment konnte somit deutlich aufzeigen, dass wir ohne äußere Einflüsse kaum in der Lage sind, über uns hinaus zu wachsen. Kommt jedoch eine externe Motivation hinzu, so kann das Potenzial eher ausgeschöpft werden.

7. Die Beeinflussung der Meinung durch Gruppen

In der Sozialpsychologie ist das Verhalten von Individuen innerhalb einer Gruppe ein wesentlicher Bestandteil vieler Forschungen. Um die Zusammenhänge zu erfassen und die Beeinflussung der Meinung durch eine Gruppe nachzuweisen und zu erklären, wurden daher im Laufe der Zeit unterschiedliche Experimente durchgeführt, die diesen Effekt erklären konnten.

Ein wesentliches Experiment auf diesem Gebiet wurden durch den Sozialpsychologen **Muzafer Sherif** durchgeführt. Das sogenannte **Ferienlagerexperiment** bestand daraus, die Kinder des Ferienlagers zunächst in Gruppen aufzuteilen und das Gemeinschaftsgefühl innerhalb der Gruppe zu stärken. Hierzu wurden die Gruppen getrennt voneinander durch Spiele oder Ausflüge beschäftigt. Dies sollte den Zusammenhalt der Kinder einer Gruppe stärken. Sobald dieser Effekt eingetreten war, ging der Versuchsleiter dazu über, die Gruppen in unterschiedlichen Wettkämpfen gegeneinander antreten zu lassen. Bereits nach wenigen Tagen sorgte der Zusammenhalt innerhalb der Gruppen dafür, dass es Ärger zwischen den einzelnen Gruppen gab. Das Experiment verfolgte jedoch nicht das Ziel, die

Gründe für die Differenzen zu analysieren. Im Fokus stand vielmehr die Untersuchung, durch welche Maßnahmen sich ein Gruppengefühl zwischen den einzelnen nun verfeindeten Gruppen wiederherstellen lässt.

In einem ersten Versuch sollten die Gruppen nun gemeinsame Aktivitäten durchführen und zusammen Abendessen. Dabei wurde deutlich, dass sich die Spannungen auf diese Weise nicht reduzieren ließen. Im zweiten Schritt wurden durch den Versuchsleiter jedoch gemeinsame Ziele formuliert. Diese waren jedoch so angelegt, dass sie nur dann erreicht werden konnten, wenn die Gruppen nicht gegeneinander, sondern miteinander arbeiten mussten. Doch wie lässt sich eine solche Situation künstlich kreieren? Muzafer Sherif griff hierfür auf alltäglich Situationen zurück. So wurde den Kindern beispielsweise angeboten, dass sie einen Film sehen durften. Dies war allerdings an eine Bedingung geknüpft:

Der Film durfte nur dann gezeigt werden, wenn sich alle Kinder auf einen Film geeinigt hatten. Dieser und weitere ähnliche Versuche führten zu einer deutlichen Schlussfolgerung: Ein gruppenübergreifendes Zugehörigkeitsgefühl lässt sich nicht durch gemeinsame Aktivitäten herbeiführen. Wird jedoch ein Ziel in Aussicht gestellt, das nur durch die Zusammenarbeit der unterschiedlichen Gruppen erreichbar ist, so führt dies in

den meisten Fällen dazu, dass selbst verfeindete Grup-
pen plötzlich am selben Strang ziehen.

In der Praxis kann die Erkenntnis aus dem Ferienlagerexperiment oftmals hilfreich sein und angewendet werden, um beispielsweise das Gefüge in einem großen
Unternehmen zu stärken. Auf Basis dieser Erkenntnisse
haben sich während der letzten Jahre zunehmend An-
gebote für Firmenausflüge entwickelt. Diese zielen
bewusst darauf ab, dass das Gefüge gestärkt wird, in
dem die unterschiedlichen Berufsgruppen eines Unternehmens gemeinsam dafür arbeiten müssen. Diese Er-
fahrung überträgt sich dann ebenfalls auf alltägliche
Arbeitssituationen im Unternehmen und schult die Fähigkeit, miteinander und nicht gegeneinander zu arbeiten.

8. Die Milgram-Experimente zur Gehorsamsbereitschaft gegenüber Autoritäten

In erster Linie sollen wissenschaftliche Experimente dazu beitragen, unser Verständnis für gewisse Themen zu erweitern und Zusammenhänge zu erklären. In einigen Fällen sind Experimente jedoch nicht ausschließlich nützlich. Vielmehr werden einige Experimente aus früheren Jahren sehr kritisch beäugt. So auch die Experimentreihe, die der amerikanische Sozialpsychologe **Stanley Milgram** in den 1960er Jahren durchführte. Anhand der durchgeführten Experimente wollte er feststellen, inwiefern normale Bürger dazu bereit sind, sich Autoritäten unterzuordnen und sogar unmenschliche Anweisungen zu befolgen.

Die Teilnehmer des Experiments setzten sich dabei wie folgt zusammen:

40 Prozent waren ungelernte oder angelernte Arbeiter

Weitere 40 Prozent waren Angestellte aus dem Handel sowie dem Gewerbe

20 Prozent kamen aus Fachberufen

Zu Beginn der 1960er Jahre suchte die renommierte Yale University mithilfe von Zeitungsannoncen nach Teilnehmern für ein Experiment, das sich offiziell mit den Themen der Lernfähigkeit sowie des Erinnerungsvermögens beschäftigen sollte. Dabei handelte es sich allerdings nur um einen Vorwand. Tatsächlich sollte untersucht werden, ob und wie weit die Testpersonen dazu bereit sind, sich einer Autorität zu unterwerfen und deren Anweisungen Folge zu leisten. Vor Ort erklärt der Versuchsleiter den Teilnehmern später, welche jeweiligen Rollen sie in diesem Experiment einnehmen werden. Pro Experiment werden zwei Teilnehmer als Versuchspersonen ausgewählt. Stanley Milgram führt ihnen dabei vor Augen, dass das Experiment dem Zweck dient, zu ergründen, inwieweit sich eine Bestrafung auf das Lernverhalten auswirken kann.

Um die Versuchspersonen zuzuteilen, wird anschließend ein Losverfahren genutzt. Dieses legt fest, welche Probanden als Lehrer und welche als Schüler fungieren sollen. Dabei wissen die Teilnehmer des Experiments jedoch nicht, dass das angebliche Losverfahren manipuliert ist. Tatsächlich wird pro Experiment nur eine Testperson zugewiesen, die immer als Lehrer agieren soll. Als Schüler treten hingegen Studenten der Yale University auf, was die Testpersonen jedoch ebenfalls nicht wissen konnten.

Sobald die Paarungen zugewiesen sind, wird das anstehende Experiment durch den Versuchsleiter erklärt. Während der Schüler unterschiedliche Assoziationspaare auswendig lernen muss, überprüft der Lehrer den Lernerfolg. Anschließend wird den Teilnehmern der sogenannte Schockgenerator gezeigt, an dem eine Instrumententafel befestigt ist. Auf der Tafel befinden sich insgesamt 30 Kippschalter, denen in aufsteigender Reihenfolge unterschiedliche Voltstärken zugewiesen sind. Dabei reichen die Voltstärken von 15 bis hin zu 450 Volt. Um zu verdeutlichen, dass es sich bei dem Schockgenerator um ein schmerzbereitendes Instrument handelt, wurde zusätzlich eine große Plakette mit der Aufschrift "Schock Generator" sowie den Angaben zu den Voltstärken angebracht. Neben den 30 regulären Schaltern, verfügte der Apparat über zusätzliche Schalter. Deren Aufschriften reichen von "leichter Schock" bis hin zu "Gefahr: Bedrohlicher Schock". Zwei weitere Schalter waren lediglich mit "XXX" beschriftet.

Zu guter Letzt wird den Teilnehmern erklärt, dass der Lehrer den Schüler bestrafen muss, wenn er nicht die gewünschten Lernerfolge aufzeigt. Sobald die Erläuterung abgeschlossen ist, werden alle Teilnehmer in einen separaten Raum geführt, in dem sich eine Art elektrischer Stuhl befindet. Der Schüler wird nun an den Stuhl fixiert und die Elektroden an ihn angeschlossen. Zu diesem Zeitpunkt weist der Schüler darauf hin, dass er unter einer Herzschwäche leidet. Daraufhin wird der Versuchsleiter erwidern, dass die Schocks lediglich Schmerz, jedoch keine dauerhaften Schäden verursachen. Da das Auswahlverfahren so manipuliert wurde, dass die Testpersonen ausschließlich den Lehrer spielen, weiß der jeweilige eingeweihte Schüler, dass ihm keine Gefahr droht. Der Schockgenerator selbst ist nur eine Attrappe. Um sicherzustellen, dass die Lehrer auch tatsächlich von der Wirksamkeit der Schocks überzeugt sind, werden den Schülern angebliche Testschocks mit 45 Volt zugemutet. Somit wird den Testpersonen suggeriert, dass es sich auch wirklich um echte Schocks handelt. Durch diese Vorführung geht der Lehrer fortan davon aus, dass er mit jedem Schock ernsthafte Schmerzen verursacht.

Letzteres ist besonders wichtig, da der Lehrer im Experiment nun jeden einzelnen Fehler mit zunehmender Voltstärke bestrafen muss. An dieser Stelle sei festzuhalten, dass die Reaktionen des Schülers vorher aufgezeichnet und seine Antworten standardisiert wurden. Nach der fünften falschen Antwort und dem damit einhergehenden fünften Schock beginnt der Schüler immer damit, mit Stöhnen auf die Schocks zu reagieren. Ab einer Voltstärke von 150 Volt bittet der Schüler um den Abbruch des Experiments. Sobald 180 Volt überschritten werden, kommen Schmerzensschreie hinzu sowie die Aussage, dass der Schmerz nicht länger zumutbar ist. Sobald die Schalter mit der Aufschrift "Gefahr, Extremer Stromstoß" erreicht werden, fängt der Schüler zusätzlich an, gegen die Wände zu schlagen. Darüber hinaus beginnt er regelrecht zu flehen, dass man ihn aus seiner Situation befreien möge. Auf der anderen Seite wirkt der Versuchsleiter auf den Lehrer ein und teilt diesem mit, dass er das Experiment dennoch bei jeder falschen Antwort fortführen soll, unabhängig von den Geschehnissen im Nebenraum.

Ab diesem Punkt wird es für Stanley Milgram interessant. Denn nun kann er mit jeder Stufe zunehmend beobachten, wie sich der Gemütszustand der Lehrer schrittweise verändert. Schließlich nehmen diese permanent die Geräusche aus dem Nebenraum wahr. Während einige Probanden gegen die Fortsetzung des Experiments protestierten, reagierten andere in erster Linie mit körperlichen Begleiterscheinungen wie Zittern, Schwitzen, Verspannung oder gar Stottern. Dennoch hatten fast alle Teilnehmer eines gemein: je weiter das Experiment ging, desto mehr versuchten sie den Schüler zu ignorieren und fokussierten sich stattdessen zunehmend auf den Versuchsleiter. Es ist davon auszugehen, dass entsprechendes Verhalten darauf zurückzuführen ist, dass die wahrgenommenen Schmerzen und Leiden der Schüler unterbewusst verdrängt werden sollten. Parallel dazu kann die Fokussierung auf den Versuchsleiter als Anpassungsverhalten gewertet werden. Milgram selbst bezeichnete dieses Phänomen in der Folge als "Einstimmung auf die Autorität".

Je weiter das Experiment fortgesetzt wurde, desto unterschiedlicher fielen die Reaktionen der Probanden aus. In einigen Fällen weigerten sich die Teilnehmer zu glauben, dass dem Opfer reale Schmerzen zugefügt würden. Andere wiederum bestritten vehement, dass sie die Verantwortung für die Schmerzen tragen würden und übertrugen die Schuld an den Versuchsleiter. Eine weitere Gruppe der Probanden bestand auf eine schriftliche Versicherung, dass sie rechtlich nicht für das Experiment verantwortlich gemacht werden kann. Weitere Testpersonen wiesen die Verantwortung mit der Begründung zurück, dass die Schüler sich auf freiwilliger Basis dem Experiment gestellt hätten.

Unabhängig von der Art und Weise des Widerstands der Testteilnehmer waren letzten Endes fast zwei Drittel der Probanden bereit, die Schalter bis zum Ende der Skala von 450 Volt zu betätigen. In vier Fällen mussten die Lehrer verbal dazu gedrängt werden. Dies wurde durch sich steigernde Aufforderungen erreicht. Ein Großteil der Probanden war letztlich überzeugt, dass sie aufhören sollten, waren jedoch nicht in der Lage tatsächlich aufzuhören. Stattdessen setzten sie das Experiment trotz heftiger Selbstzweifel fort.

Zum Teil wurde das Weitermachen sogar als einzig richtiger Weg gewertet. Da sie sich im Fall eines Abbruchs des Experiments hätten eingestehen müssen, dass sie bereits zu weit gegangen waren, war die Fortführung die einzige logische Konsequenz für sie. Zumal sie währenddessen permanent durch den Versuchsleiter bestärkt wurden, das Experiment fortzuführen.

Sobald das Experiment für die jeweilige Testperson beendet war, wurde sie im Anschluss zu einem Aufklärungsgespräch geladen. Unverzüglich wurde ihnen mitgeteilt, dass ihr Schüler keinen realen Elektroschocks ausgesetzt war, um ihre Gemütslage zu beruhigen. Weiterhin bekam jede Testperson die Möglichkeit, sich persönlich mit seinem Schüler auszusprechen. Denjenigen, die sich hartnäckig weigerten und das Experiment vorzeitig abbrachen, wurde bescheinigt, dass sie sich mit ihrem Ungehorsam gegenüber des Versuchsleiters korrekt verhalten hätten. Den gehorsamen Probanden wurde gesagt, dass ihre Reaktion aus psychologischer Sicht nachvollziehbar und normal gewesen sei. Das erste von Milgrams Experimenten wurde an unterschiedlichen Orten auf der Welt wiederholt. Sowohl in Deutschland als auch in Spanien, Jordanien und Australien wurden nahezu identische Ergebnisse erzielt. Dabei wurde ebenfalls deutlich, dass Frauen und Männer gleichermaßen gehorsam agierten.

Das Fazit aus dem Milgram-Experiment ist letzten Endes, dass es grundsätzlich Situationen gibt, die den rationalen Verstand deutlich beeinflussen und das vernünftige oder logische Handeln aussetzen lassen. Somit gehörst auch Du theoretisch zu den Menschen, die selbst davon überzeugt sind, dass sie Dinge tun, die sie vermeintlich kategorisch ausschließen würden. Unter gewissen Voraussetzungen sind wir in der Lage, die ethische Grundsätze zu verdrängen und uns hinter vermeintlichen logischen Erklärungen zu verstecken, egal wie grausam die durch uns ausgeführte Handlung war.

Aus diesem Grund sollte sich jeder Mensch bewusst sein, dass er immer für sein individuelles Handeln und Verhalten verantwortlich ist. Die Verantwortung selbst lässt sich nicht auf eine Autorität übertragen. Sofern Du Dir dessen immer bewusst bist, hast Du aus wissenschaftlicher Sicht deutlich bessere Chancen, in realen Situationen, ähnlich dem Milgram-Experiment, die moralisch richtige Entscheidung zu treffen und Dich nicht der Autorität zu beugen.

9. Milgram's Lost Letter Experiment

Der Ursprung der sogenannten "Technik der verlorenen Briefe" findet sich bereits im Jahr 1948. Sie geht auf eine Studie zum **prosozialen Verhalten** des Forscherduos Merritt und Fowler zurück und wurde später durch Stanley Milgram erweitert. Heutzutage gilt diese nicht-reaktive Methode als eine der wichtigsten sozialwissenschaftlichen Vorgehensweisen bei der Erhebung von Umfragen sowie gesellschaftlicher Meinungen.

Das ursprüngliche Experiment von Fowler und Merritt stellt sich wie folgt dar. An unterschiedlichen Tage sowie in unterschiedlichen Städten an der Ostküste der USA ließen die beiden frankierte aber unbeschriftete Briefe und Postkarten auslegen. Sie wurden auf Bürgersteigen positioniert und waren nicht abgestempelt.

Das Ziel des Experiments war zu beobachten, wie viele der Briefe und Postkarten letztlich den Weg zurück zum Empfänger finden würden. Dabei waren einige Briefe mit Geldstücken in der Form von 50-Cent-Münzen versehen. Von den regulären Briefen erreichten 85 Prozent letztlich ihr Ziel, von den Postkarten immerhin noch 72 Prozent. Die Briefe, die vermeintlich mit Geldstücken präpariert waren, kamen jedoch nur zu 54 Prozent bei dem adressierten Empfänger an.

In der Folge wurde das Experiment mit unterschiedlichen Rahmenbedingungen mehrfach wiederholt. Briefe wurden entweder mit verschiedenen Adressen frankiert sowie unfrankiert absichtlich verloren. Gemessen wurde dabei die relative Anzahl der Briefe, die ihr Ziel dennoch erreichten. Welche Variablen für den jeweiligen Versuch genutzt werden, ist abhängig vom jeweiligen Forschungsziel. So können die Briefe oder Postkarten unterschiedliche Adressen verschiedener Parteien, Verbände oder Privatpersonen aufweisen. Des Weiteren können die Inhalte der Schriftstücke, der Ort sowie die Umstände des Verlierens kontrolliert werden, um spezifische Ergebnisse zu erzielen.

Dabei weißt die **Lost-Letter-Technique** ein entscheidendes Merkmal auf. Während des Experiments kommen die Teilnehmer und der Versuchsleiter zu keiner Zeit in einem direkten Kontakt. Somit kann der sogenannte Versuchsleitereffekt ausgeschlossen werden. Der Versuchsleitereffekt beschreibt den direkten Einfluss des Versuchsleiters auf den Teilnehmer, das primär durch das Verhältnis der beiden zueinander verändert werden kann. Darüber hinaus hat sich diese Methode als sehr kostengünstig erwiesen.

Besonderer Beliebtheit erfreut sich die Technik darüber hinaus bei der Erhebung von Meinungsdaten zu sensiblen Themen. Entscheidend ist bei der Lost-Letter-Technique, dass die Probanden sich nicht bewusst sind, dass sie an einem sozialpsychologischen Experiment teilnehmen. Somit können Effekte der sozialen Erwünschtheit ausgeklammert werden. Diese treten meist dann ein, wenn Probanden beispielsweise Fragen zu sensiblen Themen wie Politik oder der Sexualität beantworten sollen. Da sie sich bei einigen Antworten unwohl fühlen oder anders antworten würden, als es die Gesellschaft vermutlich erwarten würde, antworten sie meist so, wie es als sozial erwünscht empfunden wird. Da sie hierbei jedoch nichts von ihrer Teilnahme an einem Experiment wissen, können sie auch nicht durch die soziale Erwünschtheit beeinflusst werden. Die sogenannte Rücklaufquote liefert daher verlässliche Werte zum Meinungsbild innerhalb der Probanden.

Letzteres machte sich Stanley Milgram zunutze und erweiterte das Experiment. Während Merritt und Fowler lediglich altruistisches Verhalten messen konnten, fragte Milgram gezielt Einstellungen ab. Milgram fertigte insgesamt 400 Briefe an, von denen jeweils 100 Briefe an folgende Parteien, Organisationen sowie vermeintliche Privatpersonen geschickt wurden:

- Friends of Nazi Party

- Friends of Communist Party

- Medical Research Associates

- Mr. Walter Carnap

Als weiteres Detail befand sich auf den Briefen lediglich das Postfach, das in allen Fällen gleich war. Die Verteilung der Briefe fand an unterschiedlichen alltäglichen Orten statt - auf Straßen, in Geschäften, Telefonzellen und selbst an Scheibenwischern von Autos. Im letzteren Fall wurde zusätzlich eine Notiz hinterlassen, die darauf hinwies, dass der Brief "in der Nähe Ihres Autos" gefunden wurde. Milgram ging dabei davon aus, dass die jeweilige Einstellung der Finder zu den Institutionen ausschlaggebend dafür wäre, mit welcher Wahrscheinlichkeit die Briefe ihr Ziel erreichen würden. Je positiver der jeweilige Finder der Institution gegenüber steht, desto eher kommt der Brief dort auch an, so die Annahme.

Nachdem die angekommenen Briefe ausgewertet waren, wurde rasch deutlich, dass Milgrams Annahme korrekt war. Sowohl die Briefe an die anerkannten Medical Research Associates als auch die Briefe an Mr. Walter Carnap erreichten ihr Ziel zu 72 beziehungsweise 71 Prozent. Briefe an die politischen Randparteien erreichten den Adressaten jedoch nur in 25 Prozent aller Fälle. Auf mit Blick auf die Anzahl der geöffneten Briefe zeigte sich eine deutliche Tendenz: lediglich zehn Prozent der an die Privatpersonen adressierten Briefen waren geöffnet. Briefe an die medizinische

Forschungsgesellschaft waren bereits in 25 Prozent der Fälle geöffnet worden. *Deutlich häufiger ließ sich das Phänomen wieder bei den Briefen an die Parteien beobachten. Die Briefe an die Freunde der Nazis erreichten den Adressaten zu 32 Prozent geöffnet, wohingegen sogar 40 Prozent der Briefe an die Freunde der Kommunisten geöffnet waren.* Aufgrund der Ergebnisse, die sowohl bei Experimenten 1965 als auch 1969 erzielt wurden, wurde die Methode in der Folge immer häufiger angewandt, um beispielsweise politische Vorhersagen vor Wahlen treffen zu können.

Zusammenfassend lässt sich also festhalten, dass wir eher dazu bereit sind, verloren gegangen Briefe oder Gegenstände an den Adressaten weiterzuleiten, je positiver die eigene Einstellung zum ursprünglichen Ziel ist. Selbiges Prinzip lässt sich auch auf eine Vielzahl alltäglicher Personen anwenden. Wenn Du beispielsweise durch die Stadt gehst und siehst, wie jemand einen Geldschein verliert, wird Deine Reaktion mitunter dadurch beeinflusst, wie sympathisch Dir die Person ist, die das Geld verloren hat. Bist Du ihr gegenüber negativ eingestellt, aus welchem Grund auch immer, desto höher ist die Wahrscheinlichkeit, dass Du entsprechende Person nicht darauf hinweist.

10. Die Sozialkognitive Lerntheorie - so beeinflussen Vorbilder Dein eigenes Verhalten

Über einen langen Zeitraum hinweg ging die Psychologie davon aus, dass Lernprozesse in erster Linie vom Versuchen sowie dem Scheitern beeinflusst würden. Der Psychologe **Albert Bandura** vermutete jedoch, dass das individuelle Handeln auf durch andere Faktoren geprägt wird. So stellte er die These auf, dass Menschen in vielen Situationen von Vorbildern lernen und sich in ihren Entscheidungen maßgeblich dadurch steuern lassen. Auf dieser These baute er seine **Sozialkognitive Lerntheorie** auf, die er anhand einer Vielzahl an Experimenten erklären und nachweisen konnte. Die Reihe der Experimente ist heutzutage auch als Bobo-Doll-Serie bekannt. Der Schwerpunkt seiner Forschung lag dabei auf der potenziellen Gewalt, die durch Vorbilder angelernt werden kann.

Eines der bekanntesten Experimente der Bobo-Doll-Serie ist das **Rocky Experiment**. Für diesen Test wählte Bandura 33 Jungen sowie 33 Mädchen im Alter von vier und fünf Jahren aus. Die Probanden wurden für das Experiment nach dem Zufallsprinzip in sechs Gruppen aufgeteilt. Den drei Experimentalgruppen wurde ein

Film gezeigt, dessen Ende sich jeweils unterschied. Den drei Kontrollgruppen hingegen wurde derselbe Film, jedoch mit optionalem Ende vorgeführt.

In Mittelpunkt des Films stand immer eine erwachsene Person, die Rocky genannt wurde. Diese hielt sich in einem Raum auf, in dem sich unterschiedliche Gegenstände befanden. Darunter auch eine Plastikpuppe, die sogenannte Bobo Doll. Alle Filme hatten zunächst gemeinsam, dass sich Rocky der Puppe gegenüber äußerst gewaltbereit zeigte, sie mit Schlägen und Tritten malträtierte und neue Schimpfwörter nutzte, um die Puppe zu beleidigen. Allerdings unterschieden sich die Endsequenzen eines jedes Films bei den unterschiedlichen Experimentalgruppen:

- Die erste Gruppe bekam ein Ende gezeigt, bei dem eine zweite Person den Raum betritt und Rocky für sein Verhalten mit gelobt sowie mit Süßigkeiten belohnt wird.

- Der zweiten Gruppen wurde hingegen ein Ende vorgeführt, wo die hinzukommende Person ihren Unmut über das Verhalten Rockys deutlich macht. Rocky wird dabei sowohl getadelt, als auch für sein Verhalten in Form von Schlägen und Drohungen bestraft

- Die letzte Gruppe sieht ein unkommentiertes Ende, bei dem keine weitere Person auftritt.

Nachdem die Kinder den Film gesehen hatten, wurden sie einzeln in einen identischen Raum geführt. In diesem befand sich ebenfalls eine Bobo Doll. Alle Kinder spielten letztlich den Gegenständen im Raum und entschieden sich zu unterschiedlichen Zeitpunkten dazu, das Verhaltens Rockys nachzuahmen. Auffällig war jedoch, dass sich das Verhalten der Kinder deutlich unterschied, je nachdem, welcher Film ihnen im Vorfeld gezeigt wurde.

Jene Kinder, die gesehen hatten, dass Rocky für sein aggressives Verhalten belohnt und gelobt wurde, zeigten die größte Aggressivität gegenüber der Bobo Doll. Bei Mädchen war die Aggressivität dabei etwas ausgeprägter als bei den Jungen. Selbst die eigens für das Experiment entwickelten Beleidigungen wurden in den meisten Fällen detailgetreu übernommen. Überraschenderweise zeigten die Kinder, denen das unkommentierte Ende gezeigt wurde, ein ähnliches Verhalten. Lediglich die Gruppe, die Zeugen wurden, wie Rocky für sein Verhalten bestraft wurde, wies ein deutliche geringeres aggressives Verhalten auf. Sofern sie jedoch direkt aufgefordert wurden, konnte die Aggressivität deutlich erhöht werden. Verglichen mit den Kontrollgruppen, denen kein aggressives Verhalten vorgeführt wurde, war das Niveau der Aggressivität deutlich höher.

Welche Schlüsse lassen sich aus dem Experiment und dem Verhalten der Kinder ziehen?
Unabhängig von den Konsequenzen waren die Kinder aller drei Experimentalgruppen in der Lage, das Beobachtete in der Realität umzusetzen und der Puppe aggressiv gegenüber zu treten. Somit wird deutlich, dass bereits Kinder bereits anhand von Modellen ein Verhalten erlernen können, ohne die eigentlichen Konsequenzen zu berücksichtigen. Die Forschungen Banduras auf diesem Gebiet gelten heute als wegweisend, da sie bestätigt haben, dass das Fernsehprogramm das Verhalten von Kindern deutlich beeinflussen kann. Entsprechend ist davon auszugehen, dass Kinder ein mögliches Gewaltpotenzial aufbauen, wenn sie es vorgeführt oder vorgelebt bekommen. Dagegen sind Erfahrungswerte, die auf dem Versuchen und Scheitern aufbauen, deutlich seltener für ein etwaiges Verhalten verantwortlich.

11. Festingers Experiment zur Kognitiven Dissonanz

Die Kognitive Dissonanz gehört heutzutage zu den wichtigsten Begriffen innerhalb der Sozialpsychologie. Kognitionen sind dem eigentlichen Sinn nach in erster Linie Gedanken. Etwas erweitert betrachtet, gehören jedoch auch unterschiedliche mentale Zustände oder Abläufe wie Wertvorstellungen, Wahrnehmungen sowie Motivationen dazu.

Dissonanz hingegen ist ein Begriff, der ursprünglich der Musik entstammt und das Gegenteil zur Harmonie gilt. Die Kognitive Dissonanz darf daher als ein gedanklicher Spannungszustand verstanden werden. Dieser Zustand fühlt sich sehr unangenehm an, da die Ursache unterschiedliche Gedanken oder Motivationen sind, die sich widersprechen und nicht miteinander in Einklang zu bringen sind.

Bereits während der 1950er Jahre beschäftigte sich der Sozialpsychologe **Leon Festinger** mit der Theorie zur Kognitiven Dissonanz, genauer mit der Dynamik der menschlichen Psyche. Mit diesem Gebiet beschäftige sich Jahre vorher bereits Sigmund Freud, ohne jedoch wissenschaftliche Anerkennung zu erhalten. Erst die Studien Festingers wurden in der Fachwelt akzeptiert.

Das am meiste genutzte Beispiel ist das eines Rauchers. Stell Dir in diesem Moment vor, Du wärst Raucher. Der Genuss von Zigaretten gehört also zu Deinem Alltag. Und das, obwohl Du täglich mit den Risiken und Folgen des Rauchens konfrontiert wirst und Dir dessen auch bewusst bist. Der Raucherhusten gehört bereits zu den Symptomen einer geschwächten Lunge und selbst Dein Arzt rät Dir unlängst, das Rauchen aufzugeben. Auf der anderen Seite möchtest Du jedoch nicht auf den Geschmack Deiner Zigaretten verzichten. Wie entscheidest Du dich nun?

Eine etwaige Situation wurde erstmals von Leon Festinger als Kognitive Dissonanz beschrieben, da sich mindestens zwei Kognitionen gegenüberstehen und sich daraus ein negatives Gefühl entwickelt. Festinger beschreibt diesen Zustand als psychischen Missklang, also eine Dissonanz. Die dadurch ausgelöste Spannung bedarf einer Auflösung, weshalb eine Entscheidung notwendig ist. Dies ist durch die sogenannte Kognitive Dissonanz Reduktion, kurz KDR, auf zwei unterschiedliche Arten möglich. Einerseits können schwächerer Kognitionen abgeändert werden, sodass die Dissonanz verschwindet. Auf der anderen Seite können weitere positive Kognitionen hinzugefügt werden.

Mit Blick auf das Rauchen wäre der logische Schritt eigentlich, damit aufzuhören. Allerdings gelingt die in einem Großteil der Fälle nicht. Als Folge entsteht eine

Kognitive Dissonanz Reduktion. Dabei wird sämtliches Wissen über die Gefahren des Rauchens relativiert. Es werden Beispiele hervorgeholt, um zu beweisen, dass Rauchen nicht zwangsläufig schädlich sein muss. In einigen Fällen tritt stattdessen auch eine Verdrängung auf. Potenzielle Gefahren werden einfach verdrängt. Entsprechend lässt sich festhalten, dass wir in solchen Situationen oftmals die Denkweise sowie unsere Gefühle, aber nicht das eigene Handeln ändern.

Um die Theorie Festingers zu bestätigen, wurden in den Folgejahren mehrere Experimente durchgeführt. So entwickelte Festinger 1959 gemeinsam mit **Merrill Carlsmith** ein Experiment, um einen wissenschaftlichen Erweis für das Vorhandensein der Kognitiven Dissonanz erbringen zu können. Hierbei wurden Versuchspersonen dazu gebracht, sich über einen längeren Zeitraum mit scheinbar langweiligen und monotonen Aufgaben zu beschäftigen. Hierzu zählten unter anderem das Befestigen und wieder Entfernen von Schrauben aus einem Bett. Dies diente einzig dem Zweck, den Testteilnehmern eine belanglose und langweilige Aufgabe zu geben. Eine Zeit lang nach dem vermeintlichen Experiment wurden die Probanden jedoch gebeten, weitere Testpersonen davon zu überzeugen, dass die Tätigkeiten keinesfalls langweilig sein.

Ein Teil der ersten Testteilnehmer erhielt 20 Dollar für diesen Gefallen, der andere Teil hingegen nur je einen

Dollar. Nachdem die ehemaligen Teilnehmer die neuen Teilnehmer von der Tätigkeit mithilfe einer Lüge überzeugt hatten, wurden sie aufgefordert, die Tätigkeiten während des ersten Experiments neu zu bewerten. Innerhalb der Gruppe, die nur einen Dollar für die Lüge erhalten hatte, wurde die Tätigkeit plötzlich viel besser bewertet, als es bei der anderen Gruppe der Fall war. Aus diesem Ergebnis konnten Festinger und Carlsmith die Kognitive Dissonanz ableiten. Die Gruppe, die mit 20 Dollar vergütet worden war, empfand die finanzielle Entschädigung als hinreichende Rechtfertigung, die neuen Probanden anzulügen. Die andere Gruppe, die nur einen geringfügigen Anreiz in Aussicht gestellt bekam, änderte hingegen ihre Meinung und empfand die verrichtete Arbeit nunmehr als weniger langweilig. Somit konnte deutlich gemacht werden, dass der finanzielle Anreiz nicht ausreichend war, um eine Lüge zu rechtfertigen. Also Folge daraus, wurde die Einstellung zur Thematik grundlegend verändert.

12. Konformitätsexperiment von Asch - die Entstehung des Gruppenzwangs

Bei dem **Konformitätsexperiment** handelt es sich um ein sozialpsychologisches Experiment, welches 1951 vom Sozialpsychologen **Solomon Asch** durchgeführt wurde. Im Mittelpunkt der Forschung stand die Frage, inwiefern der Gruppenzwang dazu beitragen kann, dass eine einzelne Person falsche Aussagen als korrekt bewertet.

Um untersuchen zu können, wann und wie sich einzelne Personen dem Gruppenzwang beugen, entwarf Asch einen einfachen Test. Er setzte hierzu mehrere Menschen an einen großen Konferenztisch. Von allen Anwesenden war jedoch nur immer einer ein Proband. Alle anderen Personen im Raum waren in das Experiment angewiesen worden. Der einzige echte Proband ging jedoch davon aus, dass es sich bei den anderen Personen am Tisch ebenfalls um Teilnehmer des Experiments handeln würde. Aufgeteilt wurden die Probanden dabei in zwei Gruppen. Eine Kontrollgruppe, die eine ehrliche Antwort ohne den Einfluss der anderen Teilnehmer geben konnte und eine Experimentalgruppe, die durch die anderen Teilnehmer bewusst beeinflusst werden sollte.

Sobald alle Teilnehmer auf ihren Sitzen Platz genommen hatten, wurden ihnen zwei Grafiken auf einem Bildschirm gezeigt. Die eine Grafik enthielt ausschließlich eine Linie, die sogenannte Referenzlinie. Die andere Grafik umfasste hingegen drei Linien von unterschiedlicher Länge. Die Teilnehmer sollten sich nun darauf festlegen, welche der drei Linie genau so lang sei, wie die Referenzlinie. Da die drei Linien deutliche Unterschiede aufwiesen, war das Ergebnis eigentlich deutlich zu sehen. Innerhalb der Kontrollgruppe fiel das Ergebnis wie erwartet aus. Mehr als 99 Prozent der Probanden ordneten der Referenzlinie die richtige der drei anderen Linien zu.

Das eigentliche Experiment fand jedoch an der **Experimentalgruppe** statt. Die Teilnehmer mussten insgesamt 18 Schätzungen abgeben. Um eine gewisse Glaubhaftigkeit zu suggerieren, waren die eingeweihten Teilnehmer angewiesen worden, in sechs der 18 Schätzungen ein richtiges Urteil abzugeben. Die anderen zwölf Schätzungen wurden jedoch massiv beeinflusst, da die eingeweihten Teilnehmer einstimmig auf ein falsches Urteil kamen. Die Ergebnisse waren beeindruckend. Allein die Tatsache, dass sich die restliche Gruppe für eine falsche Antwort entschied, sorgte dafür, dass die Angaben der echten Probanden plötzlich in 37 Prozent der Aufgaben falsch waren - obwohl die Antwort offensichtlich falsch war.

Insgesamt waren zwar nur 37 Prozent der Antworten falsch, jedoch zeigte sich im Bereich der Probanden eine deutliche Verteilung. Letztendlich gaben 75 Prozent der Versuchspersonen im Verlauf des Experiments mindestens ein Mal bewusst eine falsche Antwort. Nur ein Viertel der Probanden ließ sich von der Gruppe nicht beeinflussen und legten sich in allen Fällen auf die richtige Antwort fest.

Auswertung

Nach Beendigung des Konformitätsexperiments fragte Asch alle Versuchspersonen, warum sie sich in einigen Fällen der Gruppe gebeugt und nicht auf ihre eigene Wahrnehmung gehört haben. Die Antworten waren nicht nur bemerkenswert, sondern dienten auch als deutlicher Beweis dafür, dass der **Gruppenzwang** tatsächlich einen immensen Einfluss auf unser individuelles Verhalten haben kann. So gaben viele der Probanden an, sie hätten sich auf die Sicherheit der anderen Mitglieder gestützt und wären daher ihrer Meinung gefolgt. Andere wiederum empfanden es als unangenehm, sich der Meinung der Mehrheit zu widersetzen. Erstaunlicherweise antwortete eine kleine Gruppe der Testpersonen sogar, dass sie die Urteile wie die Mehrheit eingeschätzt hätten. Dies würde bedeuten, dass die Überzeugungskraft der Gruppe sogar so stark war, dass die Sinne keine klare Entscheidung mehr treffen konnten.

Mithilfe seines Konformitätsexperiments konnte Asch somit nachweisen, dass sich Menschen selbst dann von einer Gruppe um sie herum in ihren Entscheidungen beeinflussen lassen können, auch wenn sie sich bewusst sind, dass ihre Handlung falsch ist. Nach demselben Prinzip funktioniert unter anderem der Gruppenzwang bei Jugendlichen mit Blick auf Mutproben oder den Genuss von Alkohol oder Rauschmittel. Wohl wissend, dass die Entscheidung falsch ist, beugen sich viele Jugendlicher der Gruppe, um sich anzupassen.

13. Gefährliche Denkfehler - warum uns der Bestätigungsfehler zu schaffen machen kann

Diskussionen oder Debatten haben trotz unterschiedlicher Meinungen fast immer einen gemeinsamen Nenner. Meist ist es schwierig, wenn nicht gar unmöglich, unser Gegenüber in einer Diskussion zu überzeugen. In der Regel helfen dann nicht einmal die besten und fundiertesten Argumente sowie nachweisbare Fakten. Dies kann zweierlei Ursachen haben. Einerseits kann es sein, dass Dein Gegenüber einfach nur sehr stur ist und konsequent auf der aus seiner Sicht einzig wahren Meinung beharrt. Vielleicht liegt es aber auch daran, dass Dein Gesprächspartner auf den sogenannten **Bestätigungsfehler** hereingefallen ist. Dieser Effekt beschreibt eine Variante des unbewussten Selbstbetrugs, bei der die Ansichten, Fakten oder Argumente des Gegenübers ausgeblendet werden oder die Selbstwahrnehmung stark verzerrt ist.

In der Sozialpsychologie wird der Bestätigungsfehler den sogenannten Wahrnehmungsfehlern zugeordnet. Dabei beruht der Effekt auf der Annahme, dass jeder Mensch grundsätzlich dazu neigt, seine Annahmen oder Erwartungen selbst zu bestätigen. Eine erste Untersuchung dieser These fand in den 1960er Jahren statt. Der Sozialpsychologe **Peter Watson** stellte die Behauptung auf, dass Menschen selbst aufgestellte Hypothesen eher bestätigen, als diese zu hinterfragen oder gar zu widerlegen. Darüber hinaus besagt der Bestätigungsfehler, dass Informationen meist so gewertet werden, dass sie möglichst gut zur eigenen Ansicht oder Hypothese passen. Auf den ersten Blick sieht dieses Phänomen nicht besonders gefährlich aus, dabei können die Auswirkungen auf die kognitiven Prozesse umfangreich und äußerst negativ sein.

In der Praxis führt der Bestätigungsfehler dazu, dass wir Fakten oder angebliche Beweise so lange zurecht schieben, bis sie in unser selbst erstelltes Konzept passen. Die eigene Wahrnehmung suggeriert uns dann sogar, dass wir eigentlich nur Recht haben können, obwohl die Fakten aus neutraler Perspektive eindeutig dagegen sprechen. Manifestiert sich ein Bestätigungsfehler bei einer Person, so kann dies mitunter dazu führen, dass Meinungen oder Vorurteile sich fest im Unterbewusstsein verankern und auch nicht durch eine anderweitige Faktenlage behoben werden können.

Als Beispiel ziehen wir hierfür eine Situation zurate, die fast jeder schon einmal erlebt hat. Stellt Dir vor, Du schaust gemeinsam mit einem Freund von Dir ein Fußballspiel im Fernsehen an. Dabei unterstützt Du die eine und Dein Freund die andere Mannschaft. Nach einem Foulspiel wird Elfmeter für eine der beiden Mannschaften gepfiffen. In der Regel wird nun eine Diskussion darüber entbrennen, ob der Elfmeter gerechtfertigt war oder nicht. Da Deine Mannschaft von dem Foul profitiert, wirst Du in den meisten Fällen davon überzeugt sein, dass der Elfmeter zurecht gegeben wurde. Dein Freund hingegen wird mindestens mit Zweifeln reagieren und versuchen Argumente dafür zu finden, dass der Elfmeter nicht hätte gegeben werden dürfen. Letztlich ist eine Einigung aufgrund der Standpunkte fast unmöglich, da ihr beide genau das gesehen haben möchtet, was besser zur jeweiligen Argumentation passt. Da keine Einigung zu Stande kommt, geht ihr beide letztlich davon aus, dass der jeweils andere im Unrecht ist. Realistisch betrachtet ist dies keinesfalls möglich, da nur zwei Optionen gegeben sind. Entweder der Elfmeter wurde korrekterweise gegeben oder es handelt sich um eine Fehlentscheidung. Da jedoch mindestens einer von euch die Faktenlage so dreht, wie sie ihm passt, ist eine Einigung ausgeschlossen.

Lässt sich der Bestätigungsfehler im Alltag umgehen?

Letztlich hast Du im Alltag zwei Möglichkeiten, wie Du mit diesem Effekt umgehen kannst. Einerseits kannst Du weiterhin davon ausgehen, dass Du in der Regel mit Deinen Ansichten richtigliegst. Unter Umständen kann dies ja durchaus auch der Fall sein. Allerdings ist diese Vorgehensweise nicht ratsam, da Du damit früher oder später anecken wirst. Innerhalb der Bevölkerung gehört der Bestätigungsfehler zu den häufigsten sozialpsychologischen Effekten. Dies ist jedoch keine Entschuldigung. Wer sich permanent selbst belügt, um vermeintlich im Recht zu sein, der schadet damit nicht nur sich selbst, sondern im schlimmsten Fall auch dem eigenen Umfeld inklusive der sozialen Kontakte.

Wer regelmäßig vom Bestätigungsfehler betroffen ist, der kann seine Persönlichkeit nur schwer entwickeln und aus vergangenen Ereignissen Rückschlüsse ziehen. Begehst Du beispielsweise einen Fehler, so hilft der Bestätigungsfehler unterbewusst dabei, das Fehlverhalten zu legitimieren. Dass eine Lüge oder falsche Fakten dazu dienen, wird dann ausgeblendet. Letztlich fühlt es sich auf diese Weise einfach besser an. Das mag zwar stimmen, jedoch baut dieses Gefühl somit auch auf falschen Annahmen auf. Eine Umkehr der Perspektive ist dann nicht mehr möglich, ohne dass Du Dir den Fehler eingestehen musst. In etwaigen Situationen reagieren betroffene Personen meist damit, dass sie nach sämtlichen Indizien und Informationen suchen, die den eigenen Standpunkt oder das individuelle Verhalten rechtfertigen könnten. Dabei spielt es nur eine untergeordnete Rolle, ob diese Informationen einen hohen oder einen geringen Wahrheitsgehalt haben. Sofern sie ins Gesamtbild passen, werden sie eingefügt, um das eigene Handeln zu bestätigen.

Während betroffene Personen weiterhin davon ausgehen, im Recht zu sein, sieht es von außen betrachtet weniger gut aus. Wer anhand zurechtgerückter Informationen die Wahrheit legitimieren will, der wirkt für seine Beobachter dabei nicht selten lächerlich oder gar blöd. Schließlich ist von außen häufig klar zu erkennen, ob hinter der Argumentation wirkliche Fakten stecken, oder ob Logik sowie Argumentation nicht vorhanden respektive haltlos sind. Es ist zwar schwer, unbewusstes Verhalten wie den Bestätigungsfehler zu beeinflussen, jedoch kannst Du ihm dennoch ein wenig entgegentreten.

Einerseits besteht die Möglichkeit, sich permanent selbst fortzubilden und den eigenen Horizont zu erweitern. Entscheidend hierfür ist, dass Du Dich auf die

Meinung anderer einlässt und zunächst ihre Informationen oder möglichen Fakten überprüfst. Keinesfalls solltest Du weiterhin bedingungslos an Deinen eigenen Standpunkten festhalten und Dir eine kleine Welt aufbauen, wie sie nur für Dich passend ist. Wer unabhängig vom Wahrheitsgehalt nur auf der Suche nach Selbstbestätigung ist, der wird sich zwangsläufig von Andersdenkenden distanzieren.

Weiterhin ist es von enormer Wichtigkeit, dass die Objektivität geschult wird. Somit lässt sich der Bestätigungsfehler oftmals verhindern. Dazu ist es jedoch zwingend notwendig zu akzeptieren, dass der eigene Standpunkt nicht immer der richtige sein kann. Nur wer das akzeptiert, kann dem Bestätigungsfehler langfristig entgegenwirken. Aufgenommene Informationen sollten daher niemals einfach so aufgenommen werden. Stattdessen empfiehlt es sich, eine jede Information bestmöglich zu hinterfragen und aus allen Perspektive zu betrachten. Zwar kostet es viel Zeit, Fakten zu prüfen oder Informationen zu verifizieren, allerdings ist dies auch der erste Schritt zur Bereitschaft, sich selbst zu hinterfragen. Dabei gilt es darauf zu achten, eine wirklich objektive Wahrnehmung aufrechtzuerhalten. Informationen dürfen nicht länger so verwertet werden, wie sie am besten in das eigene Bild passen. Sie sollten stattdessen nach Wahrheitsgehalt sortiert werden.

Zu guter Letzt kann ein weiterer Schritt ein wichtiges Hilfsmittel sein, um dem Bestätigungsfehler vorzubeugen. Hierfür ist es notwendig, dass die selbst aufgestellten Hypothesen auch selbständig hinterfragt und bei Bedarf geändert werden. Was im ersten Moment kompliziert klingt, lässt sich in der Realität jedoch relativ leicht umsetzen. Letztlich basiert der Bestätigungsfehler immer auf der Annahme, dass man selbst im Recht ist. Wer allerdings in der Lage ist die Perspektive zu ändern, der kann die Wahrheit leichter erkennen. Daher solltest Du Dich nach Möglichkeit immer in die Lage Deines Gegenübers versetzen und davon ausgehen, dass er sich mit seiner Annahme im Recht befindet. Sobald Du nun die Fakten gegenüberstellst, ist es deutlich einfacher für Dich zu entscheiden, welche Informationen einen höheren Wahrheitsgehalt aufweisen.

14. Kann Rassismus bei Kindern verhindert werden?

Als eines der größten sozialen Probleme beschäftigt das Thema Rassismus auch heute noch eine Vielzahl an Forschern. Der Jenaer Psychologieprofessor und Forscher **Andreas Beelmann** hat sich mit insgesamt 113 Studien zur Thematik "Rassismus bei Kindern" auseinandergesetzt. Gemeinsam mit seinem Team kam er zu der Erkenntnis, dass es wichtig ist, Präventionsprogramme bereits vor der Einschulung zu nutzen, um die Kinder zu sensibilisieren. Ab einem Alter von fünf Jahren nehmen Kinder die Unterschiede zwischen ihnen und ihren Mitmenschen deutlich wahr. Die gewonnenen Erkenntnisse werden dann unbewusst mit den Erfahrungen aus der Familie oder dem Freundeskreis abgeglichen. Vieles, das auf den ersten Blick anders ist, als es Kindern bisher bekannt war, kann fortan theoretisch als Bedrohung angesehen werden. Eine abweisende Haltung ist meist die Folge.

Anhand der vielfältigen Studien konnte Beelmann jedoch weitere Aspekte sondieren, die einen erheblichen Einfluss auf die Entwicklung von Kindern haben. Im Alter zwischen drei und vier Jahren bevorzugen Kinder in den meisten Fällen bereits Spielgefährten, die ihnen auf gewisse Art und Weise ähnlich sind. Dabei kann es sich um das Geschlecht, allerdings bereits auch schon um die Herkunft handeln. Laut Beelmann ist dies allein noch keine Gefahr. Diese ergibt sich erst, wenn die eigene Identitätsbildung dazu führt, dass die eigene soziale Gruppe positiver bewertet wird als andere Gruppen. Dies kann zur Folge haben, dass Vorurteile entstehen oder erste Anzeichen von Diskriminierung deutlich werden.

Um einer solchen Entwicklung entgegenzuwirken, sollten Eltern daher frühzeitig Wert darauf legen, ihre Kinder mit Neuem und Fremdem bekannt und vertraut zu machen. Studien konnten unlängst belegen, dass Kinder, die in jungen Jahren mit ausländischen Kameraden spielen, deutlich seltener zu Rassismus neigen als andere. Dies liegt vor allem dem Umstand geschuldet, dass ein Freund ein Teil der eigenen Identität ist - unabhängig von Hautfarbe oder Herkunft.

Dass in jungen Jahren immer wieder Konflikte zwischen Spielkameraden auftreten, ist völlig natürlich. Eltern sollten daher keinesfalls einschreiten, da das Lösen von Konflikten ein wichtiger Schritt in Richtung Selbstständigkeit ist. Allerdings ist es ratsam, die Kinder dabei genau zu beobachten. Zeigen sich rassistische oder anderweitige diskriminierende Tendenzen, sollten diese keinesfalls unterstützt werden. Entgegenwirken können Eltern einem etwaigen Verhalten, in dem sie ihre Kinder in Lern- oder Sportgruppen unterbringen und sie Kontakte mit unterschiedlichen Kindern knüpfen lassen. Idealerweise sollte dies bereits vor der Einschulung geschehen.

15. Lässt sich Hilflosigkeit tatsächlich erlernen?

Normalerweise sollte uns schon unsere Logik sagen, dass es unsinnig wäre, Hilflosigkeit zu erlernen. Selbstverständlich geschieht so etwas nicht bewusst, tatsächlich ist jedoch möglich. Im Jahr 1974 führte der US-amerikanische Psychologe **Martin Seligman** ein revolutionäres Experiment durch. Während Konditionierungsversuchen bei Hunden gelang es ihm nachzuweisen, dass es Parallelen zwischen der Hilflosigkeit von eingesperrten Tieren und Depressionen beim Menschen gibt. Obwohl wir uns frei bewegen können, neigen Menschen unter gewissen Umständen dazu, sich so zu verhalten, als könnten sie ihre derzeitige Situation nicht ändern - ähnlich den Hunden, die in einem Labor eingesperrt waren.

Die sogenannte **erlernte Hilflosigkeit** ist in der Regel auf sehr schlechte Erfahrungen bis hin zu traumatischen Ereignissen zurückzuführen. Dabei kann es sich sowohl um Erfahrungen mit Gewalt, dem allgemeinen Verlust sowie schweren Krankheiten handeln. Dies führt dazu, dass betroffene Personen eine Opferhaltung annehmen und in der Selbstwahrnehmung machtlos sind. Sie lassen sich dann meist gehen und fügen sich der Situation.

Anstatt die Situation verbessern zu wollen, fallen sie in der Folge in einen apathischen oder depressiven Zustand. Die Schwierigkeit dieses Phänomens liegt darin, dass Betroffene fest davon überzeugt sind, dass die Situation ausweglos ist, auch wenn dies in der Realität nicht der Fall ist. Parallel dazu entwickelt sich dennoch eine gewisse Erwartungshaltung, welche jedoch negativ zu bewerten ist. In der Selbstwahrnehmung finden sich die Personen hilflos in einer Situation wieder. Entsprechend glauben sie auch bei vergleichbaren Situationen keine Lösung parat zu haben. Anhand von Experimenten konnte die Wissenschaft drei Arten der erlernten Hilflosigkeit definieren:

- Die Motivation, auf Ereignisse zu reagieren wird erschüttert und ist fortan gehemmt.

- Lernprozesse verlangsamen sich, da die Person Angst vor den Konsequenzen eigener Reaktionen hat.

- Die Entwicklung emotionaler Störungen wie Angst oder Depressionen.

Dennoch darf die erlernte Hilflosigkeit nicht mit einer tatsächlichen Hilflosigkeit verglichen werden. Die Schwierigkeit liegt für Betroffene jedoch darin, dass sie dies selbst erkennen müssen. Hierfür ist ein gehöriges

Maß an Selbstreflexion sowie ein gewisser Ehrgeiz von Nöten. Leidet die Person hingegen primär unter einer bestimmten Situation, so bedarf es einer Justierung der Einstellung zur Thematik und dem Willen, alternative Möglichkeiten ausfindig zu machen. Entscheidender Faktor bei der Behandlung einer erlernten Hilflosigkeit ist positives Denken. Damit kann versucht werden, der grundlegenden Hilflosigkeit entgegenzuwirken und Perspektiven zu schaffen. Noch wichtiger ist allerdings, die Selbstverantwortung wiederherzustellen. Betroffenen Personen muss aufgezeigt werden, dass sie selbst für ihr eigenes Glück verantwortlich und entsprechend zum Handeln gezwungen sind. Kann dieses Bewusstsein geweckt werden, so ist es durchaus möglich, die Hilflosigkeit wieder zu verlernen.

16. Der Priming-Effekt

Der **Priming-Effekt** gehört zu den neueren Effekten innerhalb der Sozialpsychologie. Der Begriff lässt sich am besten mit dem Wort "vorbereiten" übersetzen. Dabei steht die Theorie im Raum, dass ein erster wahrgenommener Reiz, den das menschliche Gehirn wahrnimmt, die Interpretation sowie Reaktion auf folgende Reize deutlich beeinflussen kann. So gesehen wird durch den ersten Reiz ein Assoziationsfeld erschaffen, das folgende Reize damit in Verbindung bringt. Egal ob Handlungen, Emotionen oder Gedanken - sie alle basieren auf Verbindungen, die wir im Laufe unseres Lebens kognitiv aufgebaut haben. Daher sorgt ein erster Reiz meist dafür, dass wir folgende Reize zwingend damit in Verbindung bringen wollen. Dies lässt sich anhand eines simplen Beispiels darstellen.

Person A stellt Person B einige Fragen, die sie möglichst schnell beantworten soll:

A: *Welche Farbe hat der Schnee?*

B: *Weiß*

A: *Welche Farbe hat die Wand?*

B: *Weiß*

A: *Welche Farbe hat die Wolke?*

B: *Weiß*

A: *Was trinken Kühe?*

B: *Milch*

Viele Menschen hätten dieselbe Antwort bei der letzten Frage gegeben. Höchstwahrscheinlich wäre auch Deine Antwort dieselbe gewesen. Und dennoch ist die Antwort falsch. Wir assoziieren zwar Kühe mit Milch, dennoch trinken Kühe ähnlich wie wir Menschen nur in den ersten Monaten Milch. Aufgrund der vorherigen Fragen wurde Person B jedoch unterbewusst auf die letzte Frage sowie deren Antwort "*vorbereitet*". Entsprechend kam die Antwort auch wie aus der Pistole geschossen. Durch diese Form der unterbewussten Manipulation lassen sich jedoch nicht nur Antworten beeinflussen. Selbst Handlungen oder Urteile können auf diese Weise gezielt manipuliert werden.

Um den Priming-Effekt zu erklären gibt es derzeit mehrere Modelle. Am wahrscheinlichsten ist jedoch, dass der Erstreiz gewisse Strukturen im Gehirn aktiviert, die eine Relation zu genau diesem Reiz herstellen können. Auf das angeführte Beispiel bezogen würden also jene Strukturen im Gehirn angesprochen werden, die eine Assoziation zur Farbe Weiß herstellen. Die nachfolgenden Reize werden nun durch die gezielte Aktivierung der Gehirnstrukturen anders interpretiert. Im konkreten Beispiel lässt sich das erneut anhand der Farbe Weiß erklären. Während Milch einerseits weiß und Wasser durchsichtig ist, passt die Assoziation von Milch und Kuh parallel dazu besser. Entsprechend zwingt unser Gehirn uns die Antwort förmlich auf, da wir keine Zeit haben, die Antwort zu bedenken und wir auf die erste Assoziation ansprechen.

Priming-Effekt als Erfolgsgarant im Alltag?

Der Priming-Effekt wird längst auch dazu genutzt, um die Leistungsfähigkeit zu erhöhen. Dies kann sich im Prinzip jeder Mensch zunutze machen. Zumindest legt dies eine Studie des amerikanischen Psychologen Alexander Staijkovic von der University of Wisconsin nah. Dieser teilte Probanden in zwei unterschiedliche Gruppen auf und stellte ihnen anschließend eine Aufgabe. Die Probanden sollten aus einzelnen Wörtern eine möglichst hohe Anzahl unterschiedlicher Sätze bilden. Dabei bekam eine Gruppe Wörter wie "Sieg", "Erfolg" oder "Wettkampf vorgelegt, während die Kontrollgruppe lediglich neutrale Wörter wie "Baum", "Auto" oder "Lampe" vorgesetzt bekam.

Nachdem alle Probanden ihre Sätze gebildet hatten, wurde ihnen beiläufig eine weitere Aufgabe durch den

Versuchsleiter zugeteilt. Hierbei handelte es sich jedoch um eine ganz andere Art der Aufgabenstellung. Jeder Proband erhielt ein Stück Draht, aus dem er ebenfalls möglichst viele Dinge formen sollte. Dabei zeigte sich, dass die Kontrollgruppe deutlich weniger erfolgreich war als diejenigen Probanden, die zunächst durch die sogenannten **Erfolgswörter** geprimt worden waren.

Zusammenfassend lässt sich also sagen, dass der Priming-Effekt primär auf Reizen beruht, die bei einer schnell zu beantwortenden Aufgabestellung meist zu Fehlern führt, da lediglich Assoziationen hervorgeholt werden. Wird das Priming jedoch bewusst eingesetzt, um bestimmte Strukturen im Gehirn zu aktivieren, kann die Arbeitsleistung auf diese Weise deutlich gefördert werden. In der Praxis bedeutet dies, dass sich im Prinzip jeder auf eine Aufgabe vorbereiten kann, wenn er den Priming-Effekt versteht und die Reize gezielt einsetzt.

17. Selbsttäuschung

Selbsttäuschung bedeutet, eine **nicht mit der Realität übereinstimmende Wahrnehmung** von sich selbst oder einer seiner eigenen Handlung zu haben. Dazu zählen Rückschaufehler, ein falsches Selbstbild und das Wegdiskutieren und Ignorieren von Beweisen und stichhaltigen Argumenten aus der Wirklichkeit. Bei der Selbsttäuschung überzeugst Du dich selbst von einer Wahrheit oder Unwahrheit, ohne Dir dessen bewusst zu sein.

Selbsttäuschung ist ein alltägliches Phänomen und in der Natur des Menschen verankert. Besonders wenn Du nicht erreichst, was Du willst oder Dir langfristig vorgenommen hast, bist Du gefährdet der Selbsttäuschung zu unterliegen. Menschen tendieren dazu, sich **das Erreichte oder Erhaltene schön zu reden** und seine fehlerhaften Komponenten vor sich selbst wegzuargumentieren. Sie überzeugen sich davon, dass das Bekommene besser als das ursprünglich Gewünschte ist, und lernen so mit dem Verlust zu leben und sich anzupassen. In manchen Fällen passiert Selbsttäuschung sehr offensichtlich und direkt, in anderen täuschen sich Menschen völlig **unbewusst** und ohne sich darüber auch nur ansatzweise im Klaren zu sein.

Menschen lügen sich selbst ständig an und überraschender Weise funktioniert diese Methode ziemlich zuverlässig. Zu diesem Schluss kamen auch Quattrone und Tversky bei ihrem klassischen und bekannten **psychologischen Experiment**.

Das Quattrone und Tversky Experiment zur Selbsttäuschung

Im Jahr 1984 untersuchten die **Wissenschaftler Quattrone und Tversky** das Phänomen Selbsttäuschung mit einem Experiment, das später in dem Journal of Personality and Social Psychology veröffentlicht wurde. Das Experiment und seine Ergebnisse erzielten internationales Aufsehen und es wurde zu einem Klassiker.

Die Methode des Quattrone und Tversky Experiments

An dem Experiment der Wissenschaftler Quattrone und Tversky partizipierten 38 Studenten. Die Forscher erklärten den Teilnehmern, dass sie sich für eine **Studie über die psychologischen und medizinischen Aspekte des Sportes** gemeldet hatten. Mit dieser Grundannahme gingen die Studenten in das von den Forschern designte Experiment.

Die beiden Wissenschaftler präsentierten den Teilnehmern die **Aufgabe, ihre Arme möglichst lange in kaltes Wasser zu tauchen**. Dabei machten sie die Beteiligten glauben, dass **die geschaffte Zeitspanne Aus-**

kunft über ihren jeweiligen Gesundheitsstatus geben würde. Tatsächlich stehen die Länge des Eintauchens der Arme und der Gesundheitszustand eines Menschen aber in keinem wissenschaftlich belegbaren Zusammenhang. Auf diese Weise wollten Quattrone und Tversky herausfinden, **wie bereitwillig die Teilnehmer sich selbst täuschen** würden, um bessere Ergebnisse für sich zu erzielen.

Zu Beginn des Experiments mussten die Studenten ihre Arme also so lange in kaltes Wasser tauchen wie es ihnen möglich war. Um das Experiment glaubwürdiger zu gestalten, griffen die Wissenschaftler zu einem weiteren Trick. Nach dem Untertauchen der Arme wurden die Teilnehmer der Studie angewiesen, **verschiedene sportliche Übungen** durchzuführen. Sie mussten z.B. für eine bestimmte Zeit lang mit dem Rad fahren oder laufen. Dabei wurden sie überprüft und ihre Ergebnisse wurden gemessen. So zweifelten die Probanden nicht daran, wirklich an einer Studie über die psychologischen und medizinischen Effekte des Sports teilzunehmen und wurden erfolgreich getäuscht.

Nach den Übungen folgte ein kurzer **Vortrag** der beiden Wissenschaftler. Das Thema war der **Zusammenhang zwischen Lebenserwartung und einem bestimmten Typ von Herzen.** Laut dieses Vortrags existierten zwei unterschiedliche Herztypen. **Typ eins verfügte über eine schlechtere Gesundheit,** geringere

Lebenserwartung und war anfälliger für Herzerkran-
kungen. **Typ zwei hatte eine bessere Gesundheit**, eine
höhere Lebenserwartung und eine geringere Anfällig-
keit für Herzleiden.

Der Hälfte der Teilnehmer erzählten die Wissenschaftler Quattrone und Tversky in einem nächsten Schritt,
dass Menschen mit einem Herzen vom Typ 2 nach
einer sportlichen Betätigung **eine höhere Toleranz
gegenüber kaltem Wasser** entwickeln würden. Der
anderen Hälfte erklärten sie das **exakte Gegenteil**. Mit
Fakten hatte das Ganze allerdings nichts zu tun. Die
Forscher wollten auf diesem Weg herausfinden, **welche
Teilnehmer bereit zur Selbsttäuschung waren** und
welche nicht. Nach dieser Auskunft mussten die Studenten ihre Arme erneut so lange in kaltes Wasser tauchen wie es ihnen möglich war

Ergebnisse des Experiments von Quattrone und Tversky

Die Manipulation der Wissenschaftler erwies sich als
effektiv. Die Hälfte der Studenten, die der Annahme
folgte, dass ein längeres Untertauchen nach sportlicher
Aktivität einen besseren Gesundheitszustand beweisen
sollte, **hielt ihre Arme beim zweiten Versuch länger
unter Wasser** als beim ersten. Sie steigerten sich von
durchschnittlich 35 auf 45 Sekunden. Die Hälfte, die
glaubte eine größere Kältetoleranz stünde für eine

schlechtere Gesundheit, hielt ihre Arme beim zweiten Mal durchschnittlich **10 Sekunden kürzer unter Wasser**.

Danach befragten die Wissenschaftler die Teilnehmer, ob sie ihre Arme **absichtlich länger oder kürzer** als ihrem Gesundheitszustand entsprechend unter Wasser gehalten hätten. 29 Teilnehmer stritten das ab und die restlichen 9 Teilnehmer gaben es indirekt zu. Diese neun Probanden argumentierten, dass das Wasser seine Temperatur verändert hätte. Tatsächlich war die Temperatur des Wassers aber das Experiment über kontinuierlich gemessen worden und gleichgeblieben

.

Die Forscher wollten als nächstes von den Probanden wissen, ob sie **an ihr vermeintlich schwächeres oder gesünderes Herz glaubten**. 60 Prozent von denen, die zuvor abgestritten hatten ihre Arme absichtlich länger oder kürzer in das Becken gehalten zu haben, glaubten an ihr gesünderes Herz. Bei den neun Teilnehmern, die ein absichtliches Fehlverhalten indirekt zugegeben hatten, glaubten nur 20 Prozent an ihr gesünderes Herz. Die Teilnehmer der Studie **verwechselten demzufolge einen diagnostischen Effekt mit einem ursächlichen**. Die Arme länger oder kürzer unter Wasser zu halten ermöglicht im Rahmen des Experiments eine Aussage darüber, ob der Gesundheitszustand der Studenten gut oder schlecht ist. Das längere Unterwasserhalten kann den eigenen Herztyp dagegen nicht verändern. Tatsächlich verhielten sich die Probanden aber so, als wäre diese Veränderung möglich.

Schlussfolgerung

Das Experiment von Quattrone und Tversky macht die **verschiedenen Abstufungen der Selbsttäuschung** deutlich. Auf dem höchsten Level der Selbsttäuschung handeln Menschen so, als ob ihre **inkorrekten Annahmen komplett wahr** wären und ignorieren alle Hinweise für das Gegenteil aus der Realität.

Selbsttäuschung hat positive und negative Effekte

Im Alltag kann Dir Selbsttäuschung nützen, wenn Du es **nicht übertreibst und die negativen Konsequenzen minimierst**. Menschen, die sich bei einer Erkältung einreden, in der Vergangenheit immer schnell gesundet zu sein, fühlen sich während dieser Zeit besser. Die tatsächliche Dauer der Erkrankung lässt sich durch diese Einstellung aber nur bedingt minimieren und sollte Dich nicht von einem Arztbesuch abhalten.

18. Selektive Wahrnehmung - darum nehmen wir Informationen unterschiedlich auf

Es gibt eine Vielzahl an Bildern oder Motiven, die unterschiedlich gedeutet werden können. Schauen sich mehrere Betrachter dasselbe undefinierbare Bild an, so werden sie auch unterschiedliche Dinge dabei erkennen. Diesen Effekt nennt man auch die **selektive Wahrnehmung**. Nüchtern betrachtet, ist der Grundstein für die selektive Wahrnehmung in erster Linie sogar eine der Stärken des menschlichen Gehirns. Es ist in der Lage wichtige Informationen von unwichtigen zu trennen. Dabei sind wir in der Lage unzählige Informationen pro Sekunde aufzunehmen, die das Gehirn anschließend verarbeitet und entsprechend interpretiert. So weit, so gut. Diese Eigenschaft des menschlichen Gehirns kann andererseits auch zu Problemen führen. Denn ein Großteil des Abgleiches von Informationen läuft anhand von bereits bekannten Mustern ab. Nur auf diese Weise ist es möglich, die Vielfalt an Informationen sondieren zu können. Dabei generiert das Gehirn zum Teil aus kleinen Ausschnitten ein großes Ganzes. Dies muss jedoch nicht immer richtig sein, da ein kleiner Bildausschnitt das Gehirn in die Irre führen kann.

Der Psychologieprofessor **Daniel Simons** von der University of Illinois ist sich der Gefahren der selektiven Wahrnehmung bewusst. Er hält sie sogar für einen der gefährlichsten Fehler, den das menschliche Gehirn erzeugen kann. Bereits seit vielen Jahren beschäftigt sich Simons mit der selektiven Wahrnehmung. Dabei hat er eine erstaunliche Entdeckung gemacht. "Wer das Unerwartete erwartet, der übersieht dabei häufig die wichtigen Aspekte."

Das wohl beliebteste Beispiel für die selektive Wahrnehmung ist ein Experiment, dass bereits 1999 von Simons und seinem Kollegen **Christopher Chabris** durchgeführt wurde. In einem Raum befinden sich mehrere Personen, die sich gegenseitig Bälle zuwerfen. Dabei gibt es zwei Teams. Das eine Team trägt helle T-Shirts, das andere Team dunkle T-Shirts. Beide Teams werfen sich jeweils einen Ball zu. Die ganze Szenerie wird auf Video festgehalten, um sie später den Probanden vorführen zu können. Den Probanden wird eine eigentlich einfache Aufgabe gestellt. Sie sollen sich das Video angucken und zählen, wie oft der Ball zwischen dem Team mit den hellen T-Shirts hin und her geworfen wird. Fast alle Probanden waren in der Lage, die Anzahl der Würfe zu zählen. Dies wurde besonders durch den Umstand begünstigt, dass jedes Team aus lediglich drei Spielern bestand. Interessant wird es jedoch beim nächsten Aspekt des Experiments.

Nur etwa die Hälfte der Probanden bemerkte beim Zählen, dass ein Mensch im Gorillakostüm sich ganz langsam durch das Bild bewegte - und das, obwohl sich insgesamt nur sechs Personen sowie zwei Bälle in dem Raum befanden.

Dieser Effekt wird in der Fachsprache sowohl als selektive Wahrnehmung als auch als **Aufmerksamkeitsblindheit** beschrieben. Da die Aufgabe im Vorfeld klar ist, konzentrieren sich die Probanden ausschließlich auf die Ballwürfe. Gut der Hälfte der Probanden fällt der Gorilla dabei überhaupt nicht auf.

Da sich das Video des Experiments schnell einer großen Beliebtheit im Internet erfreute, war es als Experiment untauglich geworden. Jedoch nutzt Simons den Bekanntheitsgrad seines Experiments, um einen weiteren ähnlichen Versuchsaufbau zu kreieren. Erneut werden dabei zwei Teams zu je drei Spielern aufgeteilt, die sich jeweils einen Ball zuwerfen. Wie auch im ersten Experiment trägt ein Team helle T-Shirts und das andere Team dunkle T-Shirts. Auch die Aufgabenstellung ist gleich. "Zählen Sie die Anzahl der Ballwürfe des weißen Teams". Dieses Mal wurden jedoch die Probanden ebenfalls in zwei Gruppen aufgeteilt. Einer Gruppe war das erste Video mit dem Gorilla bereit. Die andere Gruppe wusste nichts von der Existenz dieses Experiments. Auch beim neuen Experiment hatte die Probanden keinerlei Schwierigkeiten, die Ballwürfe korrekt zu zählen. Da sie den Gorilla bereits aus dem ersten Experiment kannten, warteten sie auch dieses Mal auf dessen Erscheinen - und wurden nicht enttäuscht. Auch im zweiten Experiment schritt der Gorilla wieder langsam durch das Bild. Der ersten Gruppe, die das Video bereits kannte, entgingen jedoch zwei neue Aspekte, die nun Teil des neuen Experiments waren. Einerseits wechselte der Vorhang plötzlich die Farbe, andererseits verschwindet ein Mitglied des dunklen Teams aus dem Raum. Nur 17 Prozent der Testgruppe hatten letzten Endes auch die neuen Ereignisse bemerkt. Anders sah das Ergebnis der zweiten Gruppe aus. Immerhin 29 Prozent fiel auf, dass sich sowohl der Vorhang verändert hatte und ein Mitglied des dunklen Teams verschwunden war. Auch wenn die Unterschiede nicht signifikant waren, so konnte Simons anhand des zweiten Experiments ebenfalls nachweisen, dass sich die menschliche Wahrnehmung mit Nichten verbessert, selbst wenn ein gewisses Ereignis bereits im Vorfeld erwartet wurde.

Die bisherigen Versuche im Bereich der selektiven Wahrnehmung machen eines deutlich. Der Effekt beschränkt sich nicht nur auf die visuelle Wahrnehmung, sondern betrifft darüber hinaus auch die kognitive

Wahrnehmung. Das eigentliche Problem besteht dabei darin, dass wir aufgrund der bereits gemachten Erfahrungen eine gewisse Erwartungshaltung aufbauen. Bereits bekannte oder zu erwartende Ereignisse werden letztlich zwar bestätigt, jedoch werden falsche Schlussfolgerungen parallel dazu nicht mehr überprüft.

Darüber hinaus konnten Simons Experimente eine bisherige Annahme widerlegen. Nicht wenige Psychologen waren bis Simons Studien davon überzeugt, dass ein regelmäßiges Infragestellen der eigenen Wahrnehmung eine Art Trainingseffekt haben könnte. In der Praxis lässt sich dies jedoch nicht umsetzen, da wir zum Teil Faktoren wahrnehmen, die im ersten Moment wichtig erscheinen, tatsächlich jedoch vollkommen unproblematisch sind. Die einzige Möglichkeit, um die selektive Wahrnehmung zu mindern, ist eine möglichst kritische Selbstreflexion.

19. Sind wir in der Gruppe stärker oder schwächen wir uns durch Teamarbeit?

Heutzutage hört man vielerorts das Motto "gemeinsam sind wir stark". Was zunächst auch logisch klingt, stellt sich in der Realität in der Regel anders dar. Der **Ringelmann-Effekt** bezeichnet dabei ein Phänomen des sozialen Verhaltens, bei dem die Arbeitsleistung des Einzelnen abnimmt, während er sich die Arbeit mit einer Gruppe teilt.

Im Jahr 1882 stieß der französische Agraringenieur Maximilian Ringelmann auf eine interessante Eigenschaft bei Pferden. Anhand von Tests konnte er nachweisen, dass die Arbeitsleistung eines einzelnen Pferdes sinkt, wenn es sich die Arbeit mit einem weiteren Pferd teilt. Ringelmann spannte hierzu zwei Pferde vor eine Kutsche und lies diese ziehen. Die ermittelten Werte verglich er anschließend mit der Leistung eines einzelnen vor die Kutsche gespannten Pferdes. Die Ergebnisse verblüfften Ringelmann dermaßen, dass er das Experiment auch am Menschen durchführen wollte. Hierzu suchte er mehrere Probanden aus, die er zunächst einzeln an einem Tau ziehen ließ. Die durchschnittliche Zugkraft lag bei 63 Kilogramm. Sofern jedoch zwei oder drei Männer zeitgleich am Tau zogen, nahm die individuelle Leistung deutlich ab. Während zwei Personen im Schnitt noch immer 59 Kilogramm Zugkraft pro Person entwickelten, sank die Leistung bei drei Personen bereits deutlich auf etwa 53 Kilogramm Zugkraft pro Person.

Seine gesammelten Daten fasste Ringelmann zusammen, um daraus eine Formel ableiten zu können, mit der die Arbeitseffizienz von Gruppen im Vergleich zu einzelnen Personen bestimmen konnte. Die Ergebnisse waren erneut erstaunlich. Zwei Personen, die gemeinsam eine Arbeit verrichten, erreichen jeweils nur 93 Prozent der individuellen Leistungsfähigkeit. Bei drei Personen sinkt der Wert bereits auf 85 Prozent. Bei einer Gruppe von acht Personen sank die Leistung pro Person gar auf 49 Prozent ab. Somit konnte Ringelmann beweisen, dass vier einzelne Personen minimal effektiver arbeiten können, als acht Personen, die sich eine Aufgabe teilen. Ringelmann gab sich mit der bloßen Berechnung jedoch nicht zufrieden. Er suchte darüber hinaus nach einer logischen Erklärung für den durch ihn dokumentierten Effekt. Dabei kam er zu dem Schluss, dass die individuelle Leistung in größeren Gruppen deshalb sinkt, weil die eigene Leistung durch die jeweilige weniger wahrgenommen wird. Aus diesem Grund fällt der persönliche Einsatz mit jedem weiteren Arbeiter ab.

Dieses Phänomen wurde fast 100 Jahre später auch in Unternehmen beobachtet. Die Psychologen Stephen Harkins, Bibb Lantané und Kipling Williams bezeichneten diesen Effekt innerhalb von Unternehmen als "**Social Loafing**". Auf Deutsch bedeutet dies in etwa so viel, wie "sich auf Kosten anderer ausruhen". Die Begründung ähnelte der, die Ringelmann bereits 1882 aufgestellt hatte. Besteht die Möglichkeit, sich auf die Leistung anderer zu verlassen, so neigen wir eher dazu, selbst weniger Einsatz zu zeigen.

Heutzutage ist der Ringelmann-Effekt ein wichtiger Faktor bei der Produktivität von Unternehmen, der regelmäßig getestet wird. Somit soll sichergestellt werden, dass jeder Mitarbeiter möglichst das Maximum aus seinen Fähigkeiten herausholen kann. Dies gilt jedoch nicht für alle Bereiche der Teamarbeit. Dabei gilt es einen weiteren wichtigen Faktor zu berücksichtigen. Der Ringelmann-Effekt lässt sich primär dann beobachten, wenn die Arbeiter dieselbe Aufgabe verrichten. Sind jedoch unterschiedliche Aufgaben innerhalb des Teams verteilt, so kann die Teamarbeit sogar effizienter sein.

20. Stereotypen als Henker einer Gesellschaft?

Die Erforschung von **Stereotypisierungen** spielt in der Sozialpsychologie eine nicht unwesentliche Rolle. Weltweit ist Rassismus auch heutzutage noch ein Problem. Doch wann beginnt ein Mensch damit, nach Stereotypen zu sortieren und wie wirkt sie sich auf die Entwicklung von Kindern aus? Um diese Fragen zu klären, entwarfen **Kenneth** und **Mamie Clark** ein interessantes Experiment, dass die negativen Auswirkungen der Rassentrennung in den USA beleuchteten.

In einem Punkt ist sich die Forschung aus heutiger Sicht absolut sicher. Babys und Kleinkinder verfügen von Natur aus über keinerlei Feindbilder. Dennoch entwickeln sich diese im Laufe der Zeit bei vielen Menschen. Bereits zu Beginn des 20. Jahrhunderts beschäftigte sich der schweizer Psychologe Jean Piaget mit der Frage, ob und inwiefern Menschen bereits im Kleinkindalter zu rassistischen Eigenschaften tendieren. Nach der Auswertung unterschiedlicher von ihm durchgeführter Tests kam Piaget zu dem Schluss, dass Kinder von unter vier Jahren zwar in der Lage sind, Unterschiede zu erkennen, diese jedoch nicht bewerten würden. Ab einem Alter von vier Jahren beginnt ein

Großteil der Kinder jedoch damit, zunehmend soziale Kontakte zu knüpfen und Unterschiede sowohl positiv als auch negative bewerten zu können.

Diese Annahme wurde durch Kenneth und Mamie Clark bestätigt. Sie führten einen Puppentest mit dunkelhäutigen Kindern im Alter von drei bis sieben Jahren durch. Dabei wurden die Kinder vor die Wahl gestellt, sich für eine von zwei Puppen zu entscheiden. Die Puppen waren bis auf die Hautfarbe absolut identisch. Zur Überraschung der Clarks entschied sich eine Mehrheit der Kinder für die weiße Puppe. Anhand anschließender Befragungen konnten Kenneth und Mamie Clark nachweisen, dass sich die Mehrheit für die weiße Puppe entscheid, weil sie die schwarze Hautfarbe mit einem geringen Status in Verbindung brachten.
Vergleichen wir die Ergebnisse von Piaget mit denen der Clarks, ist nur eine schlüssige Antwort möglich: Rassismus ist keine von der Natur gegebene Eigenschaft. Entsprechend kann es somit als bestätigt angesehen werden, rassistische Ideologien sind das Resultat gesellschaftlicher Wertungen und den Bedingungen, unter denen ein Kind aufwächst. Niemand ist von Natur negativ gegenüber anderen eingestellt.

Vielfältige Studien haben im Verlauf der letzten Jahrzehnte den kritischen Zeitpunkt für die Entwicklung entsprechender Tendenzen offenlegen können. So sind insbesondere Kinder im Einschulungsalter als Risikogruppe zu bewerten. Bereits in diesem Lebensabschnitt, tragen viele Aspekte dazu bei, dass sich erste rassistische Tendenzen entwickeln können. Sobald Kinder eingeschult werden, verändert sich ihr Umfeld drastisch. Bis zur Einschulung haben viele Kinder nur mit den engsten Familienangehörigen sowie nur wenigen Bezugspersonen Kontakt. Sobald sie jedoch eingeschult werden, sind sie quasi gezwungen, einen neuen Bekanntenkreis zu erschließen. Um Freunde zu finden, gibt es unterschiedliche Möglichkeiten. Eine dieser Optionen ist, sich gemeinsam gegen andere zu verbünden. Dabei muss nicht zwingend eine rassistische Tendenz vorhanden oder inkludiert sein. Jedoch birgt ein solches Verhalten immer die Gefahr, dass bereits in diesem Alter eine erste Stereotypisierung einsetzt, die sich letztlich manifestiert.

Die Psychoanalytikerin **Ute Benz** hat für diese Entwicklung ein passendes Beispiel kreiert. Peter und Paul wurden gerade eingeschult und lernen sich in der Schule besser kennen, freunden sich sogar miteinander an. Eines Tages verabreden sich die beiden, sich nach der Schule zu treffen und miteinander zu spielen. In Pauls

Zimmer liegt eine Matratze auf dem Fußboden, die die beiden als Piratenschiff nutzen möchten. Nun stehen sie jedoch vor dem Problem, dass nur einer der Bösewicht sein darf, während der andere den Polizisten spielen muss. Dabei geraten Paul und Peter in einen Streit. Wenn er könnte, würde Paul den Peter nun sofort nach Hause schicken. Aber die ansonsten unerwünschte kleine Schwester von Paul erweist sich in diesem Moment vermeintlich als große Hilfe. Obwohl sie sonst nie mit bei ihrem großen Bruder mitspielen darf, kommt sie in diesem Augenblick sehr gelegen. Prompt verbünden sich Paul und sein Freund Peter und spielen gemeinsam Polizisten, während Pauls Schwester nun die Rolle des Bösewichts übernehmen muss. Gemeinsam machen sie nun Jagd auf Pauls kleine Schwester, bis sie sie letztlich verhaften und fesseln können. Auch als Pauls Schwester keine Lust mehr auf das Spiel hat und weinend zur Mutter läuft, verbleiben Paul und Peter in ihren Rollen. Selbst als Pauls Mutter die beiden für ihr Fehlverhalten rügt, fühlen sie sich weiterhin überlegen und bilden ein mutiges Team, dass den Anraunzer der Mutter tapfer wegsteckt. Auf diese Weise entwickeln die beiden gleichermaßen ein Spielprinzip, in dem sie gemeinsam spielen können, kreieren dabei jedoch unbewusst ein Feindbild in Person der kleinen Schwester. Letzten Endes zeugt dieses Verhalten von der Bereit-

schaft, sich radikal für eine bestimmte Seite zu entscheiden.

Bleibt die Frage zu klären, warum insbesondere Kinder
in diesem Alter so anfällig für radikale Positionen sind?

*Ein entscheidender Punkt findet sich im Bereich der
Möglichkeiten, die Kinder in diesem Alter besitzen. Sie
sind noch nicht in der Lage, ihr eigenes Handeln zu
hinterfragen und suchen stets nach einer Option, Streit-
situationen zu lösen. Um Konkurrenzkonflikte zu lösen,
schließen sich viele Kinder zusammen und verbünden
sich gegen ein drittes Kind. Somit wird die spannungs-
geladene Atmosphäre zwischen ihnen schnell aufgelöst.
Zeitgleich verstehen sie jedoch nicht, dass sie das dritte
Kind somit in eine Außenseiterposition drängen. Generell sind Kinder in diesem Altersbereich immer auf der
Suche nach der schnellstmöglichen Lösung für eine
Konfliktsituation.*

Entscheidend für die Reaktionen von Kindern in etwaigen Situationen sind insbesondere die eigenen Erfahrungen, die sie bislang mit ihren Gefühlen gemacht
haben. Waren sie bisher einen respektvollen Umgang
innerhalb der eigenen Familie gewöhnt, so fällt es
ihnen einfacher, nachsichtig mit anderen Kindern um-
zugehen. Werden sie innerhalb der Familie jedoch nur
wenig beachtet oder sogar ausgegrenzt, so zeigen sie
vermehrt die Bereitschaft ihre Mitmenschen notfalls zu
verletzen.

21. Wahlblindheit

Tagtäglich triffst Du etwa 20.000 Entscheidungen, die maßgeblich durch Deine fünf Sinne beeinflusst werden. Doch längst nicht immer arbeiten die Sinne dabei wie gewünscht. Vielmehr sorgen sie regelmäßig dafür, dass Du in die Irre geführt wirst. In Fachkreisen wird dieses Phänomen auch **Wahlblindheit** genannt. Wie sehr die Sinne zu falschen Entscheidungen führen können, wurde erstmals 2005 durch **Lars Hall** und **Petter Johansson** beschrieben und anschließend per Experiment nachgewiesen. Zusammen mit mehreren Kollegen bat Hall insgesamt 180 Kunden eines Supermarktes, an seinem Experiment teilzunehmen.

Vor Ort präsentierte das Forscherteam unterschiedliche Geschmacksrichtungen an Tee und Marmelade. Die Testpersonen sollten sich dabei zwischen Marmelade mit den Geschmacksrichtungen Zitrone, Grapefruit und Apfel-Zimt sowie zwischen Apfel- und Honigtee entscheiden und die jeweils beste Geschmacksrichtung bestimmt. Nachdem die Teilnehmer sich entschieden hatten, sollten sie unmittelbar danach erneut die jeweiligen Sorten probieren und anschließend ihre Wahl erklären. Was sie dabei nicht wussten: Lars Hall und sein Team hatten die Deckel vertauscht, so dass die

Teilnehmer eine ganz andere Geschmacksrichtung probierten als die, die sie ursprünglich favorisiert hatten.

Wahrscheinlich gehst Du nun davon aus, dass die meisten Testpersonen den Umtausch bemerkt hätten. Tatsächlich war es jedoch nur ein Drittel aller 180 Teilnehmer, die dies bemerkten. Die anderen zwei Drittel waren hingegen so mit ihrer Entscheidung beschäftigt, dass sich ihre Geruchs- und Geschmacksnerven mehr oder weniger abschalteten und sie nicht bemerkten, dass sie eine völlig andere Geschmacksrichtung probiert hatten. Somit lässt sich festhalten, der allein der Gedanke an den Geschmack oder den Geruch in zwei Drittel aller Fälle dafür sorgt, dass das Gehirn ausgetrickst wird.

Nach einem ähnlichen Vorbild wurde bereits die erste Studie zur **Wahlblindheit** durchgeführt. Bereits im Jahr 2005 hatten Hall und Johansson 120 Testpersonen geladen und ihnen Porträtfotos von Frauen gezeigt. Nachdem die Porträts begutachtet wurden, sollten die Testpersonen auch hierbei wählen, welches Gesicht auf sie attraktiver wird. Im Anschluss wurden sie gebeten, ihre Entscheidung zu begründen. Dabei merkten mehr als zwei Drittel der Testpersonen nicht, dass die Gesichter heimlich vertauscht wurden und verteidigten ihre Auswahl daher sogar anhand falscher Argumente.

Die **Wahlblindheit** zeigt daher deutlich auf, dass Deine Sinne Dir immer eine Präferenz aufzeigen. Dies bedeutet zeitgleich jedoch nicht, dass Dein Gehirn gleichermaßen mitspielt. Vielmehr sorgt die Verankerung und Zuordnung von Geschmäckern oder Gerüchen dafür, dass Du durch Dein eigenes Gehirn ausgetrickst werden kannst.

22. Warum wir uns gegen Hilfe entscheiden

Würdest Du Menschen auf der Straße fragen, ob sie generell hilfsbereit sind, erhältst Du größtenteils ein "ja" als Antwort. Generell geht ein Großteil der Bevölkerung davon aus, dass er in vielen Situationen helfend einschreiten würde - sei es bei der Hilfeleistung nach einem Unfall oder einfach nur ein kleiner Gefallen. Dennoch gibt es Situationen, in denen wir darauf verzichten, Hilfe zu leisten. Doch worin liegen die Ursachen für ein solches Verhalten und welche äußeren Einflüsse können die Entscheidung beeinflussen? Mit dieser Fragestellung haben sich die Psychologen Batson und Darley in ihrem "Guter-Samariter-Experiment" beschäftigt. Die Ergebnisse der Studie sind bisweilen verblüffend.

Als Ausgangspunkt des Experiments wurde das biblische Gleichnis des barmherzigen Samariters genutzt. Darin wird ein Wanderer auf dem Weg nach Jericho überfallen und verletzt am Straßenrand zurückgelassen. Sowohl ein Priester als auch ein Levit entdecken den Verletzten, gehen jedoch an ihm vorbei. Erst der Dritte, ein Samariter, hält inne und kümmert sich um den Wanderer. Nach diesem Gleichnis würden viele von uns, wahrscheinlich auch Du, die ersten beiden verurteilen, obwohl wir ihre Beweggründe nicht kennen. Auch in der Realität finden sich häufig Situationen, die ähnlich sind. Doch welche Ursachen lassen uns entweder für oder gegen die Hilfe entscheiden und hat die Entscheidung letztlich zwingend mit moralischen Grundwerten zu tun?

Um dies herauszufinden, haben **Daniel Batson** und **John Darley** insgesamt 40 Theologie-Studenten der Princeton University zu einem Experiment eingeladen. Dabei wurden sie jedoch zunächst unter einem falschen Vorwand zu einer Befragung gebeten. Angeblich sollten die Probanden an einer Befragung teilnehmen, um die Qualität der theologischen Ausbildung zu bewerten. Während eine Hälfte der Probanden mit ihren künftigen Berufsplanungen konfrontiert wurde, wurde sich mit der anderen Hälfte über das Gleichnis des barmherzigen Samariters gesprochen. Anschließend sollten beide Gruppen einen Fragebogen beantworten und diesen in ein Büro auf dem Universitätsgelände bringen.

Der eigentliche Test beginnt jedoch erst an dieser Stelle, denn die Probanden werden nun erneut in drei Gruppen unterteilt. Somit soll getestet werden, inwiefern bestimmte Umstände die Hilfsbereitschaft beeinflussen. Hierzu wurde der ersten Gruppe gesagt, dass sie sich beeilen müssten, um den Fragebogen abzuliefern. Sie wären bereits spät dran und sollen sich nun beeilen, um den Fragebogen im Büro abzugeben. Der zweiten Gruppe wird etwas mehr Zeit eingeräumt. Den Probanden dieser Gruppe wird gesagt, dass sie bereits erwartet würden und sich auf den Weg machen sollten. Der letzten Gruppe hingegen wird viel Zeit eingeräumt, so dass sie sich ausreichend Zeit nehmen können, um den Fragebogen über das Universitätsgelände zum Büro zu bringen.

Was jedoch keiner der Probanden wusste: auf dem Weg zum Büro wurde eine hilfsbedürftige Person positioniert, die sich in ernsthaften gesundheitlichen Problemen befand. Der Mann wurde auf einen Flur gelegt, sah mitgenommen aus, atmete schwer und hatte die Augen geschlossen.

Wenn Du Dir das Experiment bis hier hin sorgfältig durchgelesen hast, wirst Du wahrscheinlich von selbst darauf kommen, wie die Resonanz der jeweiligen Gruppen auf den hilfsbedürftigen Mann ausgefallen sein dürfte.

Tatsächlich macht die Auswertung der Testergebnisse deutlich, dass der Faktor Zeit erheblich zur Entscheidungsfindung beiträgt. Insgesamt waren nur etwa 40 Prozent der Probanden bereit, dem Mann zu helfen. In einigen Fällen beschwerten sich die Testpersonen sogar über den Mann, da er ihnen mehr oder weniger im Weg lag. Teilweise stiegen sie sogar über ihn hinüber, ohne ihn eines weiteren Blickes zu würdigen. Besonders auffällig ist jedoch die Verteilung der hilfsbereiten Probanden. Lediglich zehn Prozent der ersten Gruppe eilten dem Mann zur Hilfe. Immerhin 45 Prozent der zweiten Gruppe waren dazu ebenfalls bereit. Die höchste Bereitschaft, dem verletzten Mann zu helfen, hatten die Probanden der dritten Gruppe mit 63 Prozent. Anhand dieser Werte wird deutlich, dass die Hilfsbereitschaft in starker Abhängig zum Faktor Zeit steht. Je weniger Zeit die Testpersonen hatten, desto eher waren sie bereit, die Notlage des Mannes zu ignorieren.

Darüber hinaus wurde ein weiterer Aspekt bei der Auswertung berücksichtigt. Die Probanden wurden im ersten Schritt in zwei Gruppen eingeteilt. Eine Gruppe, mit der über die Berufsplanung gesprochen wurde und die zweite Gruppe, mit der das Gleichnis des barmherzigen Samariters besprochen wurde. Auch hier zeigten sich deutliche Differenzen in puncto Hilfsbereitschaft. Während nur 29 Prozent der ersten Gruppe dem Mann halfen, waren es immerhin 53 Prozent bei der zweiten Gruppe.

Fazit des Experiments

Die Ergebnisse des Experiments müssen unter zwei verschiedenen Gesichtspunkten analysiert werden. Unabhängig von den Gründen für das jeweilige Handeln, ist und bleibt es unterlassene Hilfeleistung. Aus ethischer Sicht ist die Entscheidung, dem Mann nicht zu helfen, höchst verwerflich. Dem gegenüber steht jedoch die wissenschaftliche Sichtweise. Das Experiment hat deutlich gezeigt, dass unterschiedliche äußere Einflüsse dafür ausschlaggebend sind, ob und wie wir in einer Notsituation anderer reagieren.

Letztlich lassen sich zwei entscheidende Rückschlüsse ziehen. Einerseits solltest Du niemals vorschnell über andere urteilen. Gewisse Umstände können erheblich zur Entscheidung beitragen. Jedoch bist Du in den seltensten Fällen in der Lage, die Umstände zu kennen. Daher ist eine vorschnelle Verurteilung ebenso verwerflich, da es sich um eine einmalige Ausnahme handeln kann, die auf andere Faktoren zurückzuführen ist. Darüber hinaus zeigt das Experiment deutlich, wie groß der Einfluss ist, wenn man sich regelmäßig mit Geschichten wie der des barmherzigen Samariters auseinandersetzt. Wer sich häufig mit etwaigen Geschichten beschäftigt, der wird in der Regel auch eher bereit sein, einem anderen Menschen in Not zu helfen.

23. Warum wir uns scheuen, Risiken einzugehen

Die Risikoscheu oder Risikoaversion ist ein Begriff aus der **Entscheidungstheorie** und dem Feld der **Betriebswirtschaft**. Hat ein Investor oder Marktteilnehmer die Wahl zwischen verschiedenen Alternativen mit übereinstimmendem Erwartungswert, entscheidet er sich für die **Alternative mit geringerem Risiko**. Gleichzeitig wählt er dadurch für sich den **geringstmöglichen Verlust**. Markteilnehmer mit hoher Risikoscheue favorisieren also bei unterschiedlich riskanten Möglichkeiten einen möglichst sicheren Gewinn. Das Pendant zur Risikoscheue oder Risikoaversion ist die Risikoaffinität. Sie ist nicht so verbreitet und entspricht der menschlichen Natur im Allgemeinen weniger.

Einfach gesagt, tendieren Menschen also dazu, **Risiken und Verluste zu vermeiden**. Der Grund für dieses angeborene Verhalten liegt darin, dass ein **Verlust in der persönlichen Wahrnehmung etwa doppelt so stark** erlebt wird **wie ein Gewinn** in einer vergleichbaren Höhe. Diese irrationale Form der Wahrnehmung ist wiederum in unserer Evolution begründet. Gravierende Fehler zu machen, konnte evolutionstheoretisch gesehen schlimme und lebensbedrohliche Konsequenzen haben. Daher entwickelten sich die Menschen in die

Richtung, möglichen Risiken aus dem Weg zu gehen und diese prinzipiell zu scheuen. Umgelegt auf die Wirtschaft bedeutet das, dass Anleger sich vermehrt darauf konzentrieren, Verluste zu vermeiden. Gleichzeitig **vernachlässigen sie ihre Gewinnchancen** und erzielen auf diese Weise ein suboptimales Anlageergebnis

Der Ärger über gemachte Verluste ist bei Anlegern also größer, als ihre Freude über die erzielten Gewinne derselben Höhe. Die Folge dieses Ungleichgewichts ist, dass sie **Situationen bevorzugen, in denen sie weder gewinnen noch verlieren.** Die Konsequenz daraus ist ein risikoscheues oder risikoaverses Verhalten. Gut diversifizierte Depots funktionieren aber durch **Risikokompensation.** Die in ihnen enthaltenen Anlagen verhalten sich nicht gleich und fallen oder steigen nicht zur selben Zeit. Einzelne Anlagen bleiben zurück oder verlieren an Wert, während andere zulegen. Wenn risikoscheue Anleger ihre Anlagen getrennt voneinander betrachten, können sie die Vorteile der Diversifikation nicht erkennen und nicht davon profitieren.

Studien zur Risikoscheue

Die Risikoscheue wurde in den letzten Jahrzehnten in zahlreichen Studien untersucht. Darunter die von Kahnemann und Tversky, Shefrin und Statman oder Benartzi und Thaler. Die Ergebnisse legen nahe, dass ein durchschnittlicher Investor mögliche Risiken für **maximal ein Jahr im Voraus** beurteilen kann. **Kurzfristige Einbußen verunsichern Anleger** mehr, als das Verfehlen eines langfristigen Ziels z.B. in Form einer Steigerung der Kaufkraft. Aus diesem Grund erzielen Aktien eine höhere Rendite als erwartbar, denn die Mehrzahl der Anleger handelt wegen ihrer Risikoscheue nicht rational (Das Equity Permium Puzzle nach Mehra und Prescott beschreibt den Zustand des rationalen Handelns aller Anleger). Benartzi und Thaler konnten in ihrer Studie aus dem Jahr 1995 zeigen, dass die Risikoscheue der Anleger **mit einer wachsenden Länge des Anlagehorizonts signifikant zurückgeht**. Das führt wiederum zum Sinken der Risikoprämien.

Schlussfolgerung aus den Studien zur Risikoscheue

Die Neigung zur Risikoaversion und die kurzfristige Beurteilung des Anlageerfolges sind eine Ursache für die relativ sicheren **Renditen der langfristig orientierten Anleger.** In der Praxis erklärt die Risikoscheue oder Risikoaversion, weshalb eine große Zahl von Anlegern ihre **Ersparnisse sicher, aber schlecht verzinst** anlegt. In dem persönlichen Empfinden der Anleger ist der nominale Erhalt der Ersparnisse angenehmer, als das Risiko von Wertschwankungen. Für diese Sicherheit opfern sie sogar eine Steigerung der Kaufkraft.

Die Finanzbranche weiß um die weit verbreitete Risikoscheue ihrer Kunden. Sie reagiert mit Garantie-Produkten, die zwar Sicherheit bieten, aber auf Kosten der Rendite gehen. Bei der Betrachtung der Wertentwicklung eines mannigfaltig diversifizierten Depots sollten Kunden daher den Gesamtbetrag fokussieren und langfristig planen, um überdurchschnittliche Renditen zu erzielen.

Risikoscheue kann zu Fehlleistungen führen

Im Alltag hilft es, sich den menschlichen **Hang zur Risikoscheue und Risikoaversion bewusst** zu machen. Auch über ihre Entstehungsgeschichte nachzudenken, kann zielführend sein. Viele Verhaltensmuster waren über lange Zeiträume hinweg von Vorteil für den Menschen und sein langfristiges Überleben. Daher haben sie sich in die menschlichen Gene eingeschrieben und bestimmen noch immer das Verhalten. In der heutigen modernen Welt führen sie aber häufig zu Fehlleistungen. In diesem Bewusstsein kannst Du den Kosten und Nutzen einer Handlung gezielt gegenüberstellen und der Herausforderung auf rationale Weise begegnen. Mit dem Erfolg wächst das subjektive Gefühl der Sicherheit und der natürliche Hang zur Risikoscheue wird auf Dauer minimiert.

24. Wenn externe Anreize die eigene Motivation senken - der Korrumpierungseffekt

In vielerlei Hinsicht wünschen wir uns häufig, dass unser persönliches Umfeld so handelt, wie wir es gerne hätten. Dieses Verhalten zeigt sich besonders oft bei Eltern, die das Handeln ihrer Kinder beeinflussen möchten. Nicht selten wird dann eine Mischung aus Bestrafungen sowie Belohnungen ausgetüftelt, die im Fall von Ungehorsam oder gewünschten Verhaltungsweisen zum Einsatz kommen. So bieten viele Eltern ihren Kindern eine Belohnung an, wenn diese ihre Hausaufgaben fleißig erledigen oder ihr Zimmer aufräumen. Geschieht dies nicht, werden als Konsequenz meist Strafen verhängt. Erziehungsmaßnahmen wie das angeführte Beispiel basieren auf den Erfahrungen der behavioristischen Psychologie. Auch heutzutage gilt eine etwaige Konditionierung als probates Mittel, um Kinder zu etwas zu bringen, dass sie eigentlich nicht machen möchten. Dabei spielt ein Faktor eine entscheidende Rolle. Das Kind wird nur dann auf die Belohnungen ansprechen und seine Aufgaben wie gewünscht erfüllen, wenn die Belohnung attraktiver ist, als der Wille des Kindes stark ist. Wird dem Kind für eine Aufgabe eine Belohnung angeboten, mit der es nichts anfangen kann oder diese nicht mag, so wird es der Aufforderung eine Aufgabe zu erledigen in den meisten Fällen auch nicht nachkommen.

Auf der anderen Seite finden sich jedoch eine Vielzahl an Dingen, die Kinder ganz ohne Belohnungen machen, da sie sich selbst dazu motivieren können und keinen externen Anreiz wie eine Belohnung benötigen. In der Fachsprache wird dieses Verhalten mit der sogenannten intrinsischen Motivation begründet. Dieser Effekt tritt selbstverständlich nicht nur bei Kindern auf. Auch Du führst tagtäglich unterschiedliche Tätigkeiten aus, ohne dass Du dafür einen besonderen Anreiz benötigst. Dabei kann sich es um ganz normale Aufgaben oder Tätigkeiten handeln. Entscheidend ist jedoch, dass die Motivation nicht extern herbeigeführt wird. So isst Du beispielsweise nicht zum Mittag, um anschließend sagen zu können, dass als Belohnung für das Essen nun satt bist. Du übst diese Tätigkeit ohne zu überlegen aus, da sie einer natürlichen Basis entspringt und keiner weiteren Motivation bedarf. Dem gegenüber stehen allerdings Tätigkeiten oder Aufgabe, die meist nur durchgeführt oder erledigt werden, um ein bestimmtes Ziel zu erreichen. Du folgst dabei also einer externen Motivation. So gehst Du beispielsweise arbeiten, um Geld zu verdienen oder treibst viel Sport, um fit zu bleiben. Etwaige Motivationen werden daher auch als extrinsisch motiviert bezeichnet.

Die beiden unterschiedlichen Effekte können jedoch ungewollte Wechselwirkung haben, wenn sie aufeinandertreffen. In solchen Fällen sprechen wir dann vom **Korrumpierungseffekt**. Um diesen Effekt zu veranschaulichen, bedienen wir uns erneut am Beispiel der Konditionierung von Kindern. Erledigt ein Kind seine Aufgaben aus freien Stücken, ohne eine Belohnung in Aussicht gestellt zu bekommen, so neigen viele Eltern dennoch dazu, das Kind zu belohnen. Aus Sicht der instrumentellen Konditionierung ist dies auch sinnvoll, denn der Theorie nach, müsste das Kind künftig noch öfter aufräumen, wenn es zusätzlich belohnt wird. Allerdings führt die Belohnung in einem solchen Fall zu einem Problem. Räumt das Kind sein Zimmer beispielsweise auf Basis einer intrinsischen Motivation auf, so bedarf es keiner Belohnung. Vielmehr wird eine Belohnung dafür sorgen, dass das Zimmer künftig wieder weniger oder gar nicht aufgeräumt wird. Der Grund hierfür liegt darin, dass die extrinsische Belohnung die intrinsische Motivation verdrängt. In der Praxis bedeutet das, dass das Kind zunehmend die eigene Motivation am Aufräumen verliert und irgendwann nur noch gegen Belohnung aufräumen wird. Somit ist die Belohnung in diesem Fall kontraproduktiv. Auf dieser Aussage basiert der sogenannte Korrumpierungseffekt.

Die These des Korrumpierungseffekts geht auf die beiden Psychologen **Edward Deci** und **Richard Ryan** zurück. Sie stellten erstmals die Behauptung auf, dass eine intrinsische Motivation durch extrinsische Belohnungen rückläufig ist und sich bisweilen gänzlich zurückbilden kann. Der Effekt wird heutzutage in der Fachwelt jedoch heiß diskutiert, da die Rückbildung der intrinsischen Motivation nur unter bestimmten Bedingungen stattfindet. Nach derzeitigem Stand der Erkenntnisse ist eine extrinsische Belohnung immer mit einer positiven Wirkung verbunden, sofern vorher gar keine oder nur eine geringe intrinsische Motivation vorlag. Ist bereits eine intrinsische Motivation vorhanden, so muss eine extrinsische Belohnung längst nicht immer nachteilig sein. Entscheidend ist, dass die Erwartungshaltung auf eine Belohnung nicht parallel zur intrinsischen Motivation besteht. Ist diese der Fall und es wird dennoch eine extrinsische Belohnung vergeben, kann sich der Korrumpierungseffekt einstellen.

Um einen Korrumpierungseffekt möglichst immer ausschließen zu können, solltest Du immer darauf achten, dass Du Belohnungen nur unerwartet vergibst oder sich die Belohnung auf immaterielle Dinge begrenzt. So kannst Du beispielsweise mit einem überraschenden Lob dafür sorgen, dass die intrinsische Motivation sogar gesteigert wird.

25. Der Zuschauereffekt
- warum wir zusehen, anstatt zu helfen

Im März 1964 sorgt der Mord an der 28-jährigen Kitty Genovese für großes Aufsehen. Dass Menschen in New York ermordet wurden, war zu dieser Zeit keine Seltenheit. Vielmehr waren es die Umstände des Todes, die viele Menschen schockierten und letztlich zu einer Reihe von Experimenten führten. Anhand dieser Experimente konnten die Sozialpsychologen **John Darley** und **Bibb Latané** erstmal den sogenannten **Zuschauereffekt** nachweisen. Doch was hat es damit auf sich und wie kann es sein, dass Menschen in Notsituationen lediglich zusehen, aber nicht helfend einschreiten?

Ausschlaggebend für die Versuche von Darley und Latané war in jedem Fall der Mord an Kitty Genovese, respektive vielmehr die Umstände ihres Todes. Laut Zeitungsberichten rief sie mehrfach lautstark um Hilfe. Jedoch war niemand der fast 40 anwesenden Passanten dazu bereit gewesen. Nicht einmal die Polizei wurde durch Zeugen alarmiert. Insbesondere die Zeitungen stürzten sich auf diesen Umstand, wodurch dem Mord letzten Endes so viel Aufmerksamkeit geschenkt wurde. Auch Darley und Latané sprachen während eines gemeinsamen Abendessen über die Reaktionen der

Augenzeugen. Dabei verurteilten sie diese jedoch nicht vorschnell, wie es die Presse zunächst getan hatte. Vielmehr stellten sie Überlegungen an, wie die Reaktionen aus sozialpsychologischer Sicht zu bewerten sind.

Ausgangspunkt ihrer Überlegungen war die Tatsache, dass wohl kaum alle 38 Zeugen von Natur aus schlechte Menschen gewesen sein konnten, die eine Hilfeleistung mangels eigener Interessen oder ähnlicher Beweggründe ablehnten. Auch glaubten die beiden Psychologen nicht daran, dass vereinzelte schlechte Menschen innerhalb dieser großen Menge ausschlaggebend für ein solches Gruppenverhalten gewesen sein könnten. Daher fassten sie die Ereignisse zusammen und stießen bei ihren Untersuchungen auf zwei mögliche Ursachen.

Einerseits stellten sie die These auf, dass die eigene Verantwortung einzelner Personen immer mehr abnimmt, je größer die Personengruppe um sie herum ist. Dem gegenüber wurde das sogenannte Definitionsproblem gestellt, wonach die Passanten nicht einschritten, weil die anderen vielleicht über mehr Wissen über die Situation verfügen könnten und eben genau auf der Basis dieses eventuellen Wissens ein Einschreiten nicht in Betracht zogen.

An diesem Punkt stießen die beiden Psychologen auf ein Problem. Wie lässt sich nun überprüfen, welche der beiden Hypothesen ausschlaggebend für das Handeln der Augenzeugen war? Aufgrund dieser Fragestellung begannen Latané und Darley damit, ein Experiment auszuarbeiten. Dieses sollte später ihre bedeutendste Arbeit werden und unter dem Namen Zuschauereffekt-Experiment einen hohen Bekanntheitsgrad innerhalb der Sozialpsychologie erlangen.

Zunächst versuchten die beiden Psychologen herauszufinden, ob das, was sie als **Diffusionseffekt** beschrieben, tatsächlich existierte. Hierzu mussten sie eine Situation kreieren, in welcher der Diffusionseffekt nicht durch das Definitionsproblem überlagert werden konnte. Sie entschlossen sich dazu, eine Notfallsituation zu erschaffen, die dem Mord an Kitty Genovese möglichst ähnelte. Dabei war es wichtig, dass die Zeugen zwar über die Existenz weiterer Zeugen Bescheid wussten, diese jedoch nicht aber nicht beobachten konnten. Somit sollte ausgeschlossen werden, dass eine Reaktion anderer Zeugen die Reaktionen eines spezifischen Zeugen beeinflusst. Schließlich war es auch beim Mord an Kitty Genovese der Fall, dass die Zeugen gegenseitig von ihrer Existenz wussten, jedoch nicht im Bilde waren, ob ein anderer Zeuge bereits die Polizei verständigt hatte.

Schließlich kamen sie zu einer einfach wie genialen Lösung. Sie luden unterschiedliche Versuchspersonen in ihr Labor ein. Dort befand sich ein langer Gang sowie mehrere Kabinen. Der Versuchsleiter begleitete jede einzelne Versuchsperson in eine der Kabinen und bat sie, sich Kopfhörer aufzusetzen und ein Mikrofon anzulegen. Mithilfe der Kopfhörer wurde der Proband anschließend darüber aufgeklärt, dass er Teilnehmer einer Gruppendiskussion sein. Diese hätte die Probleme des Studentenlebens als Thema. Als Begründung für die Isolation führte der Versuchsleiter aus, dass sich die Teilnehmer idealerweise nicht sehen sollten, um offen und ehrliche Antworten zu können. Tatsächlich war die Isolation jedoch ausschließlich dazu gedacht, damit die einzelnen Teilnehmer nicht sehen konnten, wie die anderen Teilnehmer auf das eigentliche Experiment reagierten.

Vor dem Beginn des Experiments erklärte der Versuchsleiter den Teilnehmern, dass er der Diskussion nicht beiwohnen und auch nicht zuhören würde. Andernfalls bestünde ein Risiko, dass das Gespräch durch seine Anwesenheit gehemmt werden könnte. Stattdessen wurde ein automatischer Schalter genutzt, der den Gesprächsverlauf regulieren Sollte. Weiterhin wurden die Teilnehmer in drei Gruppen aufgeteilt. Während die eine Gruppe davon ausging, an einer Gruppendiskussion mit zwei weiteren Studenten beteiligt zu sein, wurde der anderen Gruppe mitgeteilt, dass sie nur einen Gesprächspartner hätten. Eine weitere Gruppe ging davon aus, dass sie einem Gespräch mit bis zu sechs Teilnehmern beiwohnen würde. Zu Beginn hatte nun jeder Teilnehmer exakt zwei Minuten Zeit, sich zu seinen

Ansichten bezüglich der Probleme des Studentenlebens zu äußern. Anschließend bekamen die Teilnehmer erneut jeweils zwei Minuten Gesprächszeit, um die Meinungen der anderen Probanden zu kommentieren. Zumindest wurde es dem Teilnehmer suggeriert. Tatsächlich war zur selben Zeit immer nur ein Proband in das Experiment eingebunden. Die anderen Gesprächsteilnehmer waren lediglich Stimmen, die zuvor auf Band festgehalten wurden.

Zu Beginn der zweiten Runde, in der die Teilnehmer die Aussagen der anderen kommentieren sollten, begann die erste Stimme zu stottern und zu stammeln. Etwa nach 70 Sekunden der Aufzeichnung war die Situation so deutlich, dass ein jeder Proband die Notfallsituation erkannt haben musste. Die Aufgabe des Versuchsleiters war es nun, die Zeit zu stoppen, die der jeweilige Proband benötigte, um auf die Notfallsituation zu reagieren - mit erstaunlichen Resultaten.

Diejenige, die davon ausgegangen waren nur mit einem weiteren Teilnehmer zu kommunizieren, eilten in 85 Prozent der Fälle zur Hilfe und benötigten dabei durchschnittlich 52 Sekunden, um sich für das Handeln zu entscheiden. Die Werte sanken deutlich ab, je mehr Teilnehmer ein Gespräch vermeintliche hatte. Die Gruppe, die drei Gesprächsteilnehmer umfasste, reagierte nur in 62 Prozent der Fälle und ließ sich im Schnitt 93 Sekunden Zeit. In den größten Gruppen rea-

gierten gar nur 31 Prozent der Probanden auf den Not-
fall. Dabei benötigten sie durchschnittlich mehr als
zwei Minuten, bis sie sich zu handeln entschlossen.

Was wir vom Experiment lernen

Das Zuschauereffekt-Experiment hat eines der faszinie-
rendsten Paradoxa der Sozialpsychologie hervorge-
bracht. Denn wie das Experiment deutlich machte, sinkt
die Wahrscheinlichkeit auf Hilfe tatsächlich mit jedem
weiteren potenziellen Helfer. So gesehen solltest Du
darauf hoffen, dass im Ernstfall nur eine einzige Person
zugegen ist, solltest Du dich irgendwann einmal in
einer Notsituation wiederfinden. Aus wissenschaftlicher Sicht hast Du in diesem Fall die besten Chancen,
dass Dir geholfen wird. Andersherum sinken die Chancen auf eine schnelle Hilfe, wenn Du dich beispielsweise auf offener Straße befindest und ein medizinischer
Notfall eintritt. Zwar sorgt die große Menschenmenge
dafür, dass sich letztlich doch ein Helfer findet. Zeitgleich wird in der Regel mehr Zeit vergehen, bis jemand diesen Entschluss fasst, je mehr Menschen Zeugen des Geschehens sind. Rückblickend lässt sich daher
festhalten, dass es ausgerechnet die große Menge an
Zeugen war, die dafür gesorgt hat, dass Kitty Genovese
an den Folgen ihrer Verletzungen starb.

Fazit

Die Sozialpsychologie ist aufgrund der aufgezeigten komplexen Zusammenhänge und Experimente einer der wichtigsten Teilbereiche der Psychologie. Ohne die gesammelten Erkenntnisse wäre unser grundlegendes Verständnis von kognitiven Effekten, Eigenschaften oder Entwicklungen bedeutend geringer. Dank der Sozialpsychologie ist es uns möglich, unser Verhaltensmuster und insbesondere deren Ursprünge und Hintergründe zu verstehen. Dabei zeigt sich auch, dass wir mit etwas Verständnis von der Sozialpsychologie, bereits in der Lage sind, unser eigenes Denken und Handeln zu beeinflussen.

Lennart Pröss

Rechtliches und Impressum

Dieses Buch verweist auf Inhalte Dritter. Der Autor erklärt hiermit ausdrücklich, dass zum Zeitpunkt der Linksetzung keine illegalen Inhalte auf den zu verlinkenden Seiten erkennbar waren. Auf die verlinkten Inhalte hat der Autor keinen Einfluss. Deshalb distanziert der Autor sich hiermit ausdrücklich von allen Inhalten aller verlinkten Seiten, die nach der Linksetzung verändert wurden. Für illegale, fehlerhafte oder unvollständige Inhalte und insbesondere für Schäden, die aus der Nutzung oder Nichtnutzung solcherart dargebotener Informationen entstehen, haftet allein der Anbieter der Seite, auf welche verwiesen wurde, nicht aber der Autor dieses Buches.

Lightning Source UK Ltd.
Milton Keynes UK
UKHW020634030621
384863UK00011B/1339